新

三十六计

闻

著

人民东方出版传媒
東方出版社

图书在版编目（CIP）数据

新闻三十六计 / 黄勇 著 . — 北京：东方出版社，2022.1
ISBN 978-7-5207-2572-9

Ⅰ. ①新… Ⅱ . ①黄… Ⅲ . ①新闻采访②新闻写作 Ⅳ . ① G212

中国版本图书馆 CIP 数据核字（2021）第 257496 号

新闻三十六计
（XINWEN SANSHILIU JI）

作　　者：黄　勇
责任编辑：贺　方
出　　版：东方出版社
发　　行：人民东方出版传媒有限公司
地　　址：北京市西城区北三环中路 6 号
邮　　编：100120
印　　刷：北京文昌阁彩色印刷有限责任公司
版　　次：2022 年 1 月第 1 版
印　　次：2022 年 1 月第 1 次印刷
印　　数：1—6000 册
开　　本：710 毫米 ×1000 毫米　1/16
印　　张：19.5
字　　数：308 千字
书　　号：ISBN 978-7-5207-2572-9
定　　价：59.00 元
发行电话：（010）85924663　85924644　85924641

前言

本书起笔时的 2009 年，正值五四运动九十周年。“五四”以降，由于中国社会内生的追赶世界先进潮流、废除帝制、发展现代化的需要，西学东渐成为大势所趋。原本博大精深的中国的传统文化也因为“矫枉过正”的需要，在文化体系的传承、传播中处于长时期的“压抑”状态。但随着改革开放 30 年中国经济的腾飞，中国传统文化的内涵在“经济蛋糕”的衬托下，在巨大的经济社会发展成就的映衬下，又开始重现其独特的、不可替代的作用和价值。

作为一种个人化的体验（记者的工作原本就是更多地需要单枪匹马），自觉不自觉地对“三十六计”的使用和领悟，成就了这些稍显难度的采访工作最终的顺利进行，使新闻采访的枯燥、劳累、繁杂，甚至是劳而无功，因此而最终变得有趣、刺激和值得回味，对从事新闻工作的个人来说，可以获得一些成就感和满足感的回报。当然更重要的是，因此使新闻工作（主要的是新闻采访）呈现出更多规律化的东西，这些是否也可以归并到作为中国传统文化精粹范畴的“三十六计”的力量和价值的呈现，进而可以作为传统文化价值回归的一个小小的注脚，一个新闻人自觉不自觉地对传统文化的传承与体验，并在其中努力搭建传统文化对新闻工作和新闻理论的一种悄悄滋养的桥梁和渠道。

很多所谓的“计策”都是采访被拒绝的时候，卡壳的时候，或者采访进行途中“身临绝境、走投无路”的时候，绝处逢生的办法，因此其“实用性”极强。一个思路的转变，整个形势立即大变。原本夭折或可能发生问题的采访得以顺利进行，或者让你能坚持到底，直到最终采访完成。

需要说明的是，因为记者职业的天然定位，任何一条计策的实际运用都不是什么“阴谋”，而是为了准确无误地生动传达党和政府的声音，即“上情下达”，和准确地反映党和政府的政策主张在基层实施中的实际情况，特别是遇到的阻碍和问题，即“下情上达”；是为了公益目的，至少是为了无辜者的正当利益，为了社会公平正义伸张，最终实现公共传媒作为党和政府决策的智库功能，同时也满足社会大众的知情权，因此是不折不扣的“阳谋”！

因为今天的社会是个和平时代，我们有幸躲过了战乱年代的刀光剑影，但中国古代流传至今的“三十六计”中蕴含的高超智慧，在我们处理人民内部矛盾的时候，特别是具体到记者采访工作中，面对纷繁复杂的社会现实，面对众多被遮蔽的事实真相，依然有强大的发挥作用的天地。

众多艰难的采访，因为自觉或不自觉运用“三十六计”的思想精髓，最终都逢凶化吉，如有神助而最终获得顺利进展，使采访最终凝结为一些轰动性大、对解决问题推动力强的重磅新闻，而不是胎死腹中，就是对“三十六计”强大生命力和现实价值的最好证明。

我个人的实践和在此基础上的研究是有限的，有些对“三十六计”的感悟和理解还可能有些牵强，但我相信，抛砖引玉，更多同行过往和未来的经历足以验证、甚至会超越“三十六计”的智慧高度和范畴，什么时候，能够让这本小书走出自我，抹掉个人的色彩，成为集体智慧的结晶，那将是采访实战经验与理论总结的升华之日。

各种主客观的原因耽搁，这本原本会急就的书，尽管在繁忙的工作和兼顾家庭之余，腹稿一直是打个不停，但整体的完工一拖就是十年，其间最长的，也是仅有的一次连续写作是可怜的 7 天。在单位推荐我参加全国宣传干部学院培训班学习的间隙，在北京怀柔柿子和山楂树硕果累累的美丽的校园里，挑灯夜战。以至于在单位党支部的民主生活会上，这项个人的半拉子工程成了好心的同事们“批斗”我做事拖拉的一条“罪状”！也是让人啼笑皆非啊！

好在迎来了五四百年、中华人民共和国成立七十周年的“大时代”，孩子也终于告别需要督促的懵懂时期，开启了“不用扬鞭自奋蹄”的大学学习阶段，我拖延的理由也没有了。

但 2019 年重新起笔之前，回顾这十年新闻界的变化，我却猛然觉得有“下笔千言”的冲动。是的，这十年，在新媒体这一新的媒体样态对传统媒体格局前所未有的冲击之下，可谓风云骤变，随着媒体样式变化（消亡）的，还有受冲击的媒体思维、媒体价值观，和一大批优秀媒体人因收入等去别的行当另栖高枝。

在这波冲击波面前，我也曾有过短暂的迷茫，《三十六计》这类似乎只是个性化体验的东西，还能在当下引起人们的兴趣吗？还有推而广之的价值和必要吗？（实际上这十年写作此书的懈怠，也有一个原因是有意地要放一放，让这些想法多接受一些时间的检验，更准确地去掂一掂其成色几何。）

在经过短短几年传统媒体与所谓的新媒体的短兵相接之后，人们渐渐看清了这一波媒体形态变革的博弈与发展趋势，即在移动端的呈现必将是不可替代的潮流，但依托于传统媒体发展而生发的独家信息的获取方式和原创新闻的制作模式依然是稀缺资源，特别是独家信息的获取，依然离不开“三十六计”可以涵盖的智慧，也有新闻人的说法为：旧的媒体样态可以“死去”，但新闻专业主义的“价值观”不死，实际上是所谓的传统媒体的样态正被事实证明不会死去，只会在媒体形态和功能的分工定位中重新规划自己的位置而已。

正因为此，我个人觉得，从基于新闻采访方法论研究的出发点，对先贤留下的“三十六计”的内涵的发掘和光大，是值得继续下去，使其历久弥新的。

目录
CONTENTS

第一计

新闻三十六计

瞒天过海

所有真相都在公开的地图里

瞒天过海

第一计

原文

备周则意怠，常见则不疑，阴在阳之内，不在阳之对。太阳，太阴。

直译

认为防备十分周到的，就容易松懈斗志，麻痹轻敌；平时看惯了的，往往不再怀疑了。秘密隐藏在暴露的事物里，而不是和公开的形式相排斥。非常公开的事情中往往蕴藏着非常重大的机密。

运用关键点

要善于抗拒『熟视无睹』的心理惯性，从非常公开的事情、非常公开的材料、非常公开的现象中仔细观察、分析、判断，发现非常机密的事情，以此打开通向事实真相之路。

实战案例 一

《中国青年报》 2005/4/11

基本农田被谎报为坟地和未利用地

——对一起侵占基本农田事件的调查

采访手记

所有真相都在公开的地图里

如果我也像几位同行一样采访只到镇上，收受镇领导的数条高档香烟（我被送了八条软盒中华烟，后分四个盒子邮回陈瑶湖镇，自己贴了几十元邮费，邮递的收据至今还留着，作为一种纪念吧）或其他财物后就结束采访，既无法解决老百姓的问题，讨还基本的公道，更无从体会到“瞒天过海”的内涵。

第一次看到时任安徽省枞阳县（时属安庆市管辖，现划归铜陵市辖）陈瑶湖镇领导给我的《基本农田规划地图》，看着他们貌似很严肃的神态，我当然也要表示最基本的尊重，但我事先在与老百姓的交流中获悉，很多四十多岁的农民依稀还记着被镇政府强行开发的这片土地当年都是插着“基本农田”的标牌的。这曾是过去地方政府土地开发的大冲动时期，中央高层采用的一种很好的对基本农田的保护方式，即在一片农田中竖立一个足有一人高的醒目的木牌，上面一般用红字写着“基本农田”几个大字，老远就能看清楚，即使夏季庄稼最茂盛的时候也挡不住。但不知道后来是牌子被人弄坏不见了，还是这片农田的性质因规划发生变化，这恰是本次采访需要搞清楚的最重要的问题：靠依稀的记忆是万万不可轻易下笔的。现状有些扑朔迷离，但镇政府提供的规划地图本身也给了我一个行动的指向——如果这个图是真实的，一切问题到此结束；如果地图本身瞒天过海是假的，则一切问题真相大白。

本着严肃的、质疑的态度，我在去镇上被“软禁”礼送回家四天后，悄悄到了枞阳县城的土地管理局，尽管时任县土地管理局的一些干部用了缓兵之计，让我在县城多待了一个晚上，利用这个时间窗通风报信给了陈瑶湖镇（做这种损害老百姓利益的事情，基层的一些人都是私下串通好的），但他们也是“百密难免一疏”，县土地局知道我对陈瑶湖方面不放心，又给我拿出了一张全县的《基本农田规划地图》，此图和镇里提供的地图一样，当然同样标明被占的土地不是基本农田，但图中规划的内容却相差很大，县里的解释是，“这是最新的规划图”。那么镇里提供的图是什么图？是老的规划图吗？局面的混乱没有搅乱我的思路，他们这是欲盖弥彰！“太阴、太阳”，我对问题真相的疑点也随之越来越大，对存在问题的认定也越来越肯定，对让真相大白的努力和决心也更加坚决。

我有意暂时停歇了连续追踪的脚步，选择了快要过春节前的几天，大家都已开始筹办年货准备过年的时候，当事者以为我可能早已就此罢休，也是他们各方面的准备很松懈的时候。

在好友的陪伴下（这是因利益纠葛较深、带有风险的调查中，必须有的最基本的自我防护措施。此前，我在陈瑶湖镇马路边勘察农田现状的时候，被镇上的工作人员封住衣领推倒在田埂边，结婚时买的一套平时很少穿着的西装被泥巴地上的小砂石磨的全是小洞。——作者注），在那一年的腊月二十七，我突然出现在安庆市原国土资源局的档案馆，很顺利地通过登记身份证件取得查阅资格，完成查阅手续后，终于见到了馆藏最权威的一张真正的地图，这张地图实现了“上屋抽梯”（详见第二十八计“上屋抽梯”）的功效，一目了然，与我见过的两张县、镇两级山寨版地图完全不同，咔嚓一声拍照完，铁证到手，整个调查依据一连串公开的资料，终于认定了镇里严重违法侵占基本农田的事实。

2005年4月11日

基本农田被谎报为坟地和未利用地

——对一起侵占基本农田事件的调查

本报记者 / 黄勇　通讯员 / 靳生　田晓翠

核心提示

中国对基本农田实行最严格的保护制度。因为基本农田是关系国计民生的命根子。按照《中华人民共和国土地管理法》的有关规定，不管谁动一分基本农田，都必须经过国务院批准。但在安徽省安庆市枞阳县陈瑶湖镇，镇政府为进行房地产开发，竟将上百亩耕地（其中80%为基本农田）谎报为坟地和未利用地，并获得县政府的审批。上级检查组接到举报后两次来到当地调查，该镇都蒙混过关。本报记者反复深入调查，终于弄清了地方政府弄虚作假的真相。令人深思的是，连记者都能调查清楚的问题，有关部门为何却屡屡被蒙骗？

面对推土机一步步向他们的"命根子"推进，农民的心在哭泣

2004年4月的一天，就在国务院办公厅《关于深入开展土地市场治理整顿严格土地管理的紧急通知》（国办发明电〔2004〕20号）下发之际，位于合铜公路（合肥至铜陵）边的安徽省安庆市枞阳县陈瑶湖镇响起了推土机的轰鸣声。面对当地百姓的坚决反对，该镇政府强行用推土机推掉了与镇政府距离

基本农田被谎报为坟地和未利用地
——对一起侵占基本农田事件的调查

最近的前河村100多亩耕地的耕作层，切断了这些农田的水利灌溉渠道，并将土地开发权悄悄转让给了当地承包商。

许多农民家已经育好的秧苗烂在水中。一位老大爷说：“这可是50年没有被淹过的好地，现在全没有啦！”他想不通，种粮的人为啥还要花钱买粮。

村民谢小荣家中有4口人，女儿上小学四年级，儿子上小学二年级，全家人的经济来源是夫妇俩在江苏省常熟市打工的收入，一年七八千元。在没有征地前，家里的两亩多地由孩子的爷爷奶奶耕种，一年的口粮不成问题，打工挣来的钱供日常生活和孩子上学，还能有三四千元的存款。征地后，要用打工挣来的钱给他们买粮油。

前河村三棵树村民组周桂英家11口人原来只有0.5亩耕地，家人看护了4天后，被推土机铲平，目前已无田可种；村民陆小佬家7口人有耕地2亩，当推土机强行推平时，她站在秧田中间以身体抗争，但最后被逼无奈放弃。

一些村干部威胁村民：谁反抗，就逮谁去坐牢。

2004年8月初的一天，镇里、村里的五六名干部来到村民邓老虎和汪全发家，要求他们领取占地补偿款，在遭到拒绝后，一名村干部威胁说：“对钉子户，我们要用黑道上的人干掉他。”

当地的老百姓不认镇政府补偿的那点“小恩小惠”。为了自己的生存权利，面对镇、村干部的威逼利诱，绝大多数人拒绝领取补偿款，并坚持不懈地向有关部门反映事情真相。

举报信落到陈瑶湖镇政府领导的手上

对34岁的谢举德来说，今年春节是苦涩的。为了躲避可能随时到来的灾祸，他被迫带着妻儿背井离乡，到了祖国最南方的一个陌生城市。

此前，他的生活平静幸福。在枞阳县陈瑶湖镇镇政府的对面，经过10年的积累，他拥有一个每年能赚七八万元的饭店。

自己的腰包鼓了，没有让军人出身、性格耿直的谢举德忘记帮助别人。2004 年 5 月 25 日，喜欢舞文弄墨的他，看到土地被侵占的乡亲十分无助，经过一番调查，便帮他们写了一封举报信，直接递给上级有关部门。但令谢举德和乡亲们没有想到的是，这封信经层层批转后，竟然又回到了它的出发地，只不过没有再回到群众手中，而是落到了陈瑶湖镇政府领导的手上。

谢举德曾在镇政府帮过忙，饭店又开在政府大门的对面，镇里的领导对他并不陌生。经过镇里几个头头的多方“会诊”，确认这封举报信是谢举德的手迹。

谢举德平静的生活从此被打破。同年 8 月 4 日，一名镇领导找他谈话，希望他“少管别人的闲事，不要给政府添麻烦”。

同年 10 月初，一名镇党委委员找他谈话，希望他不要参与上访，并告诫他，再闹下去，会很不安全，并称“有人要下你的胳膊”。

同年11月底，这名镇党委委员再次找谢，告诫：有人要把你的房子炸掉。

同年 12 月 6 日晚 8 时，谢家门口突然来了十个人，五六个人守在门外，其他人强行闯入，砸碎大门玻璃、餐桌、饭店吧台和酒柜里陈列的好酒，行凶约 10 分钟后乘两辆出租车扬长而去。

次日凌晨 4 时，谢家刚换好的大门玻璃再次被砸，二楼的玻璃也被砸。

行凶的人与谢无冤无仇，但他们传递的信息是：是你的“仇人”出钱让我们干的。所谓谢的仇人，全是因为举报信泄密而得知消息的几名地方上有势力的开发商。

从 2004 年 12 月 9 日开始，谢写的举报信中所提到的几名参与土地开发的开发商纷纷找上门来，谩骂、滋事。

2004 年 12 月 11 日大白天，五六个大汉带着长把砍刀冲进来。谢举德早有防备，拿起自家店里的菜刀奋起反击，多亏谢家离派出所近，谢躲进了派出所。当晚，谢趁着月黑风高，一路狂奔到了合肥。从那时到现在的近 5 个月时间，除了为记者采访引路到该镇附近，他再也不敢回到家乡。

枞阳县政府有关部门和陈瑶湖镇偷梁换柱糊弄上级调查组

2004 年 5 月下旬和 8 月上旬，上级调查组两次来到陈瑶湖镇调查。

据记者调查，枞阳县政府有关部门和陈瑶湖镇糊弄上级检查的手段是“巧妙”的。

一是偷梁换柱，混淆所侵占土地的性质。镇里上报征用的是荒地，绕开了国法限定的“基本农田”，并在前河村路春村民组一带的荒坟、荒地取景照相，应付检查。

二是浑水摸鱼，模糊征用土地的用途。县里唱的“双簧”的基调是征地用于修路，即冠冕堂皇地用于“公益事业”，并非用于房地产开发。而镇里的实际操作结果却是在开发地修路宽为 25 米，但在路两边延伸的宽度却有 30 米，这正是“醉翁之意”——门面房开发。

镇领导向记者展示的一张规划图显示：征用的 100 亩土地属于“未利用地”。但记者在安庆市国土资源局看到的相关资料图显示：其中 80%是基本农田。

今年 1 月 27 日，记者就此事第一次来到陈瑶湖镇暗访。踩着泥泞的路在乡村寻访近 3 个小时，聚拢来反映情况的群众越来越多。但没想到，记者因此引起镇政府的注意。几名镇干部在一番盯梢之后，强行中止了记者的采访，并威胁要将“不明身份”的记者送到当地派出所。

无奈之下，记者被五六名镇政府工作人员包夹着，送进了镇政府大院，与镇党委书记章某面对面。

镇里展示了他们自称是从上级土地部门复制的《陈瑶湖镇 1996～2010 土地利用总体规划图》，这张图上显示：征用的 100 亩土地全部位于规划的建设用地范围内。据该镇领导介绍，该地属于早已列入规划但一直没有开发的“未利用地”，只是老百姓不知情而已。镇党委书记章某信誓旦旦地对记者说：请放心，我们绝不敢违背国法。

记者在陈瑶湖的暗访被迫中止。为了记者采访“方便”，镇上安排了一辆专车送记者返回合肥。

1 月 31 日，记者不死心地悄悄来到枞阳县国土资源局。下午 4 时，该局一名办公室负责人便说领导已经下班了，明天再来。

2 月 1 日一大早，当记者再次来到该局时，却意外地发现陈瑶湖镇党委书记章某和镇土地管理所的一名负责人坐在了县国土资源局局长的办公室，恭候记者的到来。记者一下子明白过来：昨日中了“缓兵之计”。

采访结果可想而知：该局领导“证实”了陈瑶湖镇向记者出示的土地规划图的“真实性”，并再三强调，这张图是从该局的电脑中直接拷贝的，省、市、县的图纸都是一致的，没有二样。

一名办事员还煞有介事地向记者普及常识：“电脑里画好的图，谁想改也改不了。”

从枞阳县国土资源局建设用地审批的文件中可以看到，一宗 3.2 万平方米耕地（约 48 亩——记者注）被镇政府申报为圩湖区坟地及未利用地，2004 年 4 月 30 日由枞阳县政府审批；另一宗 3.5 万平方米的耕地（约 52 亩——记者注）被申报为农民集体未利用地，2004 年 9 月 7 日经枞阳县政府审批。

陈瑶湖镇领导在热情招待了记者一顿午饭后，继续安排专车将记者从饭店门口直接送回合肥。

2 月 5 日，农历腊月二十七。记者带着满脑子的狐疑继续追踪，来到安庆市国土资源局，目标很明确：求证那张图纸的真实性。该局相关部门负责人让记者查看最原始的《土地利用规划档案资料》。这些资料图具体到该市的每一个乡镇，每张图 4 平方米大小，基本农田、耕地、规划建设用地的范围一目了然。

真是不看不知道，一看吓一跳。县、镇领导们信誓旦旦言犹在耳，但眼前所见的事实却不可动摇：经过记者的仔细对照，被侵占的 100 亩土地中，80%是标注为深黄色的“基本农田”，但在县、镇那里却被篡改成了已规划的建设用地，用来糊弄记者。另外 20%也是必须经省级土地管理部门审批才能改变用途的耕地。

安庆市国土资源局的相关负责人告诉记者，从 1996 年规划至今，枞阳全县包括陈瑶湖镇基本农田的范围没有进行过任何调整，该局也从来没有接到枞阳县要求改动规划的请求。

铁证如山。

县政府下文件，提成28%的土地出让金

顶风占地的背后是巨大的、唾手可得的利益。

据知情者透露，根据镇政府出售门面房地皮的价格（每35平方米价格2.58万元，每亩地约666平方米），镇上每亩地平均获利在30万元~60万元之间。这100亩良田的获利就在3000万元~6000万元之间（根据陈瑶湖镇自己的规划，部分土地用于建设门面房之间的道路）。

枞阳县枞政办［2003］30号文件（枞阳县政府办公室2003年5月1日发）规定：县政府可得土地出让金的28%，剩下72%返还乡镇和县国土资源局。具体到陈瑶湖镇，被占土地的前河村村委会可得提成每亩400元，村干部每人可免费得到两间门面房地皮。一旦开发成功，除了老百姓利益受损之外，各方皆大欢喜。

记者采访时，推掉良田的推土机还在随时待命。镇党委书记章某说："我们在等着国家的政策一解冻，就动工，我们想发展。"

链接

1.《中华人民共和国土地管理法》第五章第四十五条规定：征用基本农田，由国务院批准。

2.《国务院办公厅关于深入开展土地市场治理整顿严格土地管理的紧急通知》要求：十分珍惜、合理利用土地和切实保护耕地是我国的一项基本国策，是维护国家粮食安全和社会稳定十分重要的内容。要认真贯彻《基本农田保护条例》，坚决守住基本农田这条"红线"，任何单位和个人不得突破……切实纠正擅自调整基本农田保护区、违法违规占用基本农田、随意变更土地用途等突出问题，依法严肃查处违法违规占用基本农田行为；摸清基本农田现状，完善基本农田保护制度；进一步明确地方政府在基本农田保护方面的责任，将基本农田落实到村组、农户和地块。

第二计

新闻三十六计

围魏救赵

举国关注的高考移民事件的全新视角

围魏救赵

第二计

原文

共敌不如分敌，敌阳不如敌阴。

直译

与其攻打集中的正面之敌，不如先用计谋分散它的兵力，然后各个击破；与其主动出兵攻打敌人，不如迂回到敌人虚弱的后方，伺机歼灭敌人。

运用关键点

遇到难题时，不妨另辟蹊径，不钻牛角尖，不走死胡同，而要设法从一个全新的视角去看待，这样可能会距离问题的核心和本质更近，也会找到说明问题、解决问题的新的视角和办法。

实战案例一

《中国青年报》一版头条 2005/6/5

《海南封堵令终成一纸空文》

采访手记

举国关注的高考移民事件的全新视角

每年的高考季节都会有一两件轰动全国、牵动举国关注的大事。2005 年的高考大事与往年有所不同，也来得更早一些。

2005 年 5 月下旬开始，由于当时的高考移民目的地——海南在当地原住民的强烈抗议下，受不了愈演愈烈的“移民潮”，断然决定在当年的高考报名即将截止的时候，将那些在原户口所在地和海南两地都报名的考生的报名资格取消。由于被取消资格的考生涉及 20 多个省，近千名考生，这起事件成为当年高考季节最大的新闻。

涉及安徽省铜陵市的考生大约有 500 人，是全国涉及人数较多的一个地方。那里的市民，包括那些被取消报名资格考生的家长，很快在第一时间将此事捅到了地方的都市报上。最早报道这些事件的媒体，包括一些中央媒体和地方媒体在内，关注点都放在对事情本身看起来“客观”的陈述上，或是对“移民现象”愈演愈烈的描述上，并对这一现象持批评态度。

我当然可以像一些媒体那样，在简单的采访之后，以地方媒体的报道为蓝本，再跟着炒作一次，将那些像热锅上的蚂蚁一样的家长的焦虑当作新闻的下酒菜。但这样的做法是没有什么意义的，炒作本身只会让人腻烦。就连采访，因为所涉及的采访对象都很明白你的意图，十有八九会拒绝你“再来一次”，把说过的话再说一遍。更何况，由于此事的影响已经闹大，铜陵当地的教育主管部门有很大的压力——“违规操作”“监控不力”等等帽子都是可以扣上的。

一个毋庸置疑的事实是：无论家长们的操作手段多么“灰色”，无论移民行为所谓的“违规”（规定也是教育主管部门定的，可以朝令夕改的）程度是多么高，但任何时候，“考生都是无辜的”，这是最基本的、到任何时候也不会有问题的判断。正是这一判断和理念，让我获得了一个全新的视角。正是本着这一基本的认识和“如何在整体公平的前提下最大限度保护每个考生利益，进而维护社会秩序的稳定，避免可能引发的影响社会稳定的群体性事件”的全新的采访目的，而不是简单地对这一现象从正面很生硬地进行简单的肯定或否定，使我的采访获得了全新的进展。

我当然很欣赏时任铜陵市教育局局长金燕的胸怀（尽管经历过移民风波，后升任安徽省教育厅副厅长），一听到通过朋友传递过去的这个采访目的，她立即打消了顾虑，愉快地回应接受采访。

我们的采访基本回避了对移民事件的所谓是非评价上，而转为对事情发生后各方，包括考生家长、省级教育主管部门，甚至省级领导、教育部是如何努力挽救考生利益这一重点，正是这一“顺其自然”、本着妥善解决问题目的的主题，让处在压力之下的铜陵市教育主管部门，确切地说是金燕本人，打开了话匣子，把他们这些天日夜忙碌、先前无法向一些持一味批评态度的媒体公布的内情，全部讲给了我们，其间一些可以明说的举措和本来不可以明说的“特别举措”，都因为与这一主题的强烈相关，得以全方位的呈现，并使得整个事件依照这一新的逻辑思路，呈现出最具戏剧性的过程，“围魏”的过程——各方如何集中力量对海南省公关，和最终得以推动“救赵”的结果——封堵令最终被撤、考生们参加高考的机会最终得到保证，都因此得以充分展示。

也正是对事件的报道从简单地评价是非（实际上在这一领域很难有所谓盖棺定论的是非判断）转变为客观灵活地展示“围魏救赵”的全过程，使得文章最后的反思显得更加深刻，也更加耐人寻味：来年再出现这一情况，该怎么办？在现行的政策框架下，封堵最终是堵不住的，从而将报道的主题升华并引向深入——解决问题的关键和根本之策是早日在最大程度上实现各地教育发展的均衡。

2005年6月5日

14天痛苦煎熬后峰回路转 340名移民考生惊险登陆

海南封堵令终成一纸空文

本报记者 / 黄勇

海南省考试局的门口考生家长激动得抱头痛哭

5月31日中午12时许，海南省教育主管部门关于今年高考移民考生报名资格定夺的最后一次协调会终于结束。在海南省考试局的门口，一直冒着酷暑围堵在此的来自安徽、河南、山东等地的几十名移民考生的家长代表突然发出一阵阵的欢呼："太好了！""太好了！"更有来自安徽省铜陵市的几对夫妻激动得抱头痛哭……

从5月17日家长们得知他们的孩子因两地重复报名而被剥夺今年在海南省的报名资格，到这一天突然峰回路转被重新同意在海南省报考，长达近半个月夜不能寐的煎熬，个中滋味，只有这些为孩子前途而操心的家长最清楚。

6月2日，一名成功移民海南省并躲过封堵风波的安徽省铜陵市的考生家长向记者展示了他的孩子小王（化名）取得的海南省居民身份证。3月21日就要报名，他们从去年10月就开始托办的移民大事直到今年3月9日才最终落实，真可谓"惊险登陆"。更重要的是，似乎有先见之明的小王的家长尽管让孩子在铜陵市当地报了名，但听从了内部人士的及时指点后，没有参加安徽当地的电子档案信息采集，照片未上安徽省招生部门的报名网，因此才能幸运地躲过海南省几乎覆盖大半个中国的大调查。

6 月 4 日，小王由父亲陪着飞到海南参加考试。“估计二本（指收费较低的一般本科。——记者注）的可能性较大”，对此，孩子的父亲颇感欣慰。

令记者感到意外的是，包括这名“漏网”考生的家长在内，一些同样幸运的移民考生的家长在 5 月 18 日得知海南的封堵令之后，也立即产生了想要质问、起诉的冲动，一位家长甚至当场拨通了海南省信访局的电话。

看似铁板钉钉的事情竟然也会改变

应当承认，从海南省教育主管部门 5 月 17 日在媒体上公开 340 人被取消报名的消息并在网上公开被取消的学生名单，到 5 月 31 日最终“食言”，其间经历了一个复杂的数方“博弈”的过程。

记者在采访中了解到，海南封堵令的发出，拥有足够的政策依据和充分的证据。

今年 3 月 29 日，海南省高考报名结束后，面对高考移民数字又创新高（当地官方承认约 9000 人，民间传说过万）、当地考生反映强烈的巨大压力，海南省教育厅根据调查和举报所掌握的线索，先后派出 6 个调查组奔赴全国各地。凑巧的是，此时，河南、安徽、湖北等向海南高考移民的大省正好处在高考报名第一次信息采集结束，而第二次信息定稿时间未到的空当，这些两地报名的考生的电子信息全部被记录在各省考试机构专门设立的网站上。

现代化的电子档案明白地告诉人们：这些考生已经先在当地报了名，在户口转移手续办妥后，又接着在海南省报了名，而这种“脚踏两只船”的行为，正是被教育部严令禁止的。尽管部分考生的家长在户口转移完成继而闪电般在海南报名成功后，内部人士提醒其赶紧回原籍申请注销在当地的报名资料，但因为各地最终审定报名信息的时间未到，他们的申请虽然已经交到原户籍地的招生部门，但消除

A4·阅读周刊
昆曲后继乏人 观众严重流失
《牡丹亭》旧曲新唱寻找青春传承
China Youth Daily
2005年6月5日 星期日 第11653期
14天痛苦煎熬后峰回路转 340名移民考生惊险登陆
海南封堵令终成一纸空文

在当地报名痕迹的想法并未成为现实，而这一切，恰恰被海南省的调查组候个正着。

但耐人寻味的是，如此看似铁板钉钉、无法更改的事情，竟然也会改变。

一位知情者向记者透露，每一个能够成功移民的考生家庭里，至少有一位身份为科级干部以上的父亲或母亲，或是经济条件较为宽裕，在当地的影响力、活动能量都非同小可。

以安徽省铜陵市为例，涉及该市的 63 名移民考生家长中，甚至还有 10 多位是县处级干部，更何况整个铜陵市今年向海南移民的考生有近 500 人。海南封堵令发出后，家长们开始先后向当地教育主管部门、省教育主管部门，最终向教育部反映情况。家长们对海南封堵令的强烈反响惊动了当地的最高官员，铜陵市委书记指示教育、公安等相关部门，把此事的处理“当作一个阶段的头等大事来抓”，并亲自与安徽省有关部门协商。当地教育部门的负责人更是连续几天无法安神，每天协调到凌晨。谁都知道，63 个家庭，一旦因为高考希望破灭而有个三长两短，其后果谁都兜不了！

在安徽省一级，教育厅长深夜被打扰，要求出面帮助解决问题，并与海南省的同行们“协商”。最终安徽、湖北等省首先“让步”：只要这些被海南除名的学生愿意回来考，一路绿灯。

但移民考生的家长对原籍地的好心并不领情。经过铜陵市教育局领导反复做工作，该市的 63 名被取消资格的考生的家长中，只有 20 位勉强同意将户口重新转回原籍，其他 40 多名考生的家长则“誓与海南共存亡”——即使今年不能考试，也要留在海南。一位家长向记者说出了心里话：已经花掉两万多了，户口转回来还要花钱；更何况，孩子的成绩摆在那里，回来后考上理想学校的机会微乎其微。家长们的共同心声是：抓住最后一根救命稻草，争取到最后时刻。

正是这一强烈信念的支撑，让教育部的高教管理部门和信访接待部门在海南封堵令发出后，连续接待了河南、山东、湖北、安徽等省的一拨拨学生家长，让海南省教育厅的官员们接到了全国各地亲朋好友们的请托。尽管教育部有关部门负责人一针见血地指出这些学生家长“完全是自作自受”，但在“考生是无辜的”这一似乎谁也很难辩驳的、冠冕堂皇的理由面前，政策的坚冰最终融化了。

铜陵市专赴北京协调学生家长上访的市教育局副局长王钢坦诚地告诉记者，教育部相关部门一方面批评了这些学生家长的行为，但另一方面，有关部门又专门致函海南教育部门，要求妥善处理此事。有关负责人还指出，海南省教育主管部门在作出封堵令之前没有与有关各省通气，是很不妥当的，更何况封堵令出台时间离高考报名截止日期如此之近。王钢认为，教育部有关部门的这一意见对事情的最终发展变化起到了不可忽视的作用。

海南风波再次验证：高考移民是堵不住的

海南省向来不缺乏开放的胸襟，这里曾经对高考移民是照单全收的，在高考移民目的地中，这里也曾经是政策最宽松的地方。

了解内情的人都知道，2002 年是海南省高考移民政策的拐点。在此之前，高考移民在海南的报名考试录取一路绿灯。但此后，一系列封堵政策却陆续出台。制造政策拐点的，是海南当地考生及其家长堪称“强烈”的抗议。从 2002 年开始，高考移民虽然可以在海南报名考试，但想从海南走捷径上重点大学的路却被堵死，只留下一般本科的路子还可以走一走，高考移民的热潮一度有所退却，但随着时间的推移，“到海南考一般本科”又成了那些在内地无法考上本科的众多学生及家长追求的新目标，高考移民的数量还是逐年上升。

前两年，由于各地没有报名时间上的差异，对在高考移民中比例较大的两地重复报考问题，海南省教育部门尽管耳闻，但一直拿不到确凿的证据。本指望今年一举“拿下”340 人，敲山震虎，降一降让海南教育主管部门头痛的移民的“热度”，但是没想到，让封堵政策退缩的，却又是来自利益对立一方的外省高考移民家长们“强烈活动”的结果。

海南省今年封堵高考移民风波，再一次验证了一个事实：在现有的政策框架下，移民现象是堵不住的。

人们想知道的是，如果明年再出现类似情况，还会网开一面吗？还会上演类似的悲喜剧吗？

人们担心的是，海南省教育主管部门将如何向当地的考生交代，因为移民考生会影响当地考生利益已经是无可争议的现实。

人们还担心，按照常理，对违规者的宽容将会导致更大规模的违规。与之相伴的是，大量的灰色中介行为又将继续被默许，众多的考生家庭将继续付出大量钱财，制造出新的、更多的不平衡。

更多的人则是希望类似的事情再也不要发生。真正让人挂念的是，造成高考移民现象产生根源的各地教育发展不平衡问题，何时能从根本上得到缓解直至解决。

第三计

新闻三十六计

借刀杀人

尚未定性的事情怎样说出口？

借刀杀人

第三计

原文

敌已明，友未定，引友杀敌，不出自力，以损推演。

直译

敌人已经明确，与我方相同立场的友军尚在徘徊观望，就要引导友军去与敌制衡，避免亲自出手，消耗自己的实力。这是从《易经·损》卦推演出来的原理。

运用关键点

借力使力，善于发现和激化对手的内部矛盾，使其自相削弱。利用间接的方法去打击别人，揭露真相，自己却不抛头露面，不会造成无谓的损失。

实战案例一

《中国青年报》特别报道

《三条人命引发的『疑似责任』》

2006/8/7

实战案例二

《中国青年报》

《生命代价为何难换一纸逮捕令》

2004/1/30

《三条人命引发的“疑似责任”》

采访手记

尚未定性的事情怎样说出口？

继轰动全国的大头娃娃事件、泗县疫苗事件、眼球事件之后，2006 年的盛夏时节，地处安徽省北部的阜阳再次成为全国舆论关注的风暴中心。安徽华源生物药业有限公司生产的“欣弗”注射用葡萄糖液，引发不良反应全国近百例，其中 3 例死亡，范围涉及全国 10 多个省份，从而酿成了一次轰动全国的“欣弗事件”。

对风暴中心的华源药业的实地探访自然是必不可少的。但在对重大突发事件还习惯遮遮掩掩的过去，事件一旦发生，相关的监管部门是否隐瞒真相或拖延事实发布，就成为事件定性的重要因素，正如后来的石家庄三鹿奶粉事件一样，正是因为厂家和各级政府的拖延，最终的责任便不可推卸。

在对问题药品的检验结果尚需耐心等待的时候，实际上最大的新闻点就是“这一次信息公开的程度到底如何，有没有瞒报的情况？”。新闻点很清楚，但采访起来却是困难重重，这个时候没有谁会直接回答这个问题。权威人士对此很是谨慎。每一个相关部门对关键问题的回答都是“无可奉告，等待检验”。

在此之前的泗县疫苗事件因媒体过度曝光真相、造成群体性恐慌的事情发生之后，“前车之鉴”更是让有关部门在信息公开方面有难言之隐。信息是否透明、如何透明、如何把握最佳时机都有待进一步定论。

但“有没有瞒报”的话题是无法回避的，尽管当时大家的精力似乎都集中在召回问题药品、妥善处理药厂关门之后的善后，关于是否瞒报的话题就像问题药品本身一样还难以定性，但问题必须直面，只是记者不能随便自己站出来说话，把自己轻易地置于问题评判者的角色，从而全面陷入被动，偷鸡不成蚀把米。

但方法总是有的。在对全方面信息的关注中，安徽当地一家门户网站上的一个网友的帖子成了我“借用”来探底的工具。

这位显然是知情者的网友在帖子中明确质疑有关部门遮盖和拖延事实真相。我看了以后先是吃了一惊，既而脑子一亮，何不在我的文章中“照单全收”，借网友之口说出最想说的话，将话题挑明，而又不用承担记者“捏造事实”的责任，从而有利于将同类问题的思考尽快引向深入，而不是简单地局限于对问题表象的认定，而耽搁了在第一时间进行深刻反思的时机。

事实证明了这一手法的效果。当然读者从文章的行文中就可以看到记者落笔的谨慎，尽管大家心里都已认定罪责难逃，但在最终结论出来之前，即使面对三条人命，你恨得咬牙切齿，但最多能说的就是“疑似责任”，这是一种收放自如、可进可退的说法，更何况是“借”用第三方的话。但如果不说出来，就会贻误战机。第一时间将真正的新闻点挑明，就会立即引发全国舆论的强烈关注，达到用新闻报道推进社会关注问题和解决问题的目的，而记者本身并不会因操作不当，而惹上什么“诽谤”和“影响判决”之类的指责和麻烦，记者个人信誉事小，引发公众对媒体公信力的怀疑则是大事。

特别值得一提的是，2019 年末暴发的新冠肺炎疫情，让这篇手记的标题——这个十多年前生发的追问显得更有价值：时间过去了那么久，但类似问题的回答依然十分困难，一个可能的答案是：让理性的媒体早些介入，理性地让媒体早些介入，哪怕是内参式的报道也可。

2006 年 8 月 7 日

最权威的检验结果 8 月 14 日见分晓

三条人命引发的“疑似责任”

本报记者 / 黄勇

风暴中心全部停产

尽管事件从 8 月 1 日被媒体曝光至今已有 5 天，作为事件“风暴中心”，位于安徽省阜阳市莲花路 1 号的安徽华源生物药业有限公司（以下简称“安徽华源”）的门口，门卫依然一字排开如临大敌，对靠近厂区的每一个人都详加盘问，并不停地挥手示意站在厂门口看热闹的闲杂人等赶紧散开。来自全国各地新闻媒体的记者提着摄像机和照相机，依然在向这里云集。公司一位年长的看门人告诉记者：“来的人实在太多，我们已经没法应付。”

记者 8 月 6 日下午看到，生产“欣弗”的输液二车间三层大楼的出口，已被两把大锁封闭。被贴上“问题药厂”标签的安徽华源，因暂时还无法摆脱“疑似责任”，已经全部停产。一位负责人介绍，除柠檬酸车间因发酵过程尚未结束机器还在运转、原料仓库因要配合检查派人看守外，厂里的 1000 多名职工已基本上回家了。

最权威的检验结果8月14日见分晓

三条人命引发的“疑似责任”

除“无菌”项目，其他主要项目检验均符合国家药品标准

在安徽省城合肥，自7月29日接到不良反应报告开始，连日来，安徽省药品检验所的技术人员加班加点、夜以继日地对发生不良反应的安徽华源6月份以来生产的“欣弗”克林霉素磷酸酯葡萄糖注射液，紧张有序地进行检测检验。截至8月6日，他们已对送检的由安徽华源生产的“欣弗”克林霉素磷酸酯葡萄糖注射液进行了除“无菌”项目以外的，包括pH值、5-羟甲基糠醛、有关物质、不溶性微粒等主要项目进行了检测检验。从目前检验的重要指标看，均符合国家药品标准。因为做无菌鉴定需要做细菌培养，至少需要14天时间，最终检验结果最早要等到8月14日。

尽管此前有安徽华源的车间主任和工会主席对媒体宣称“可能是消毒出现问题”，但消毒时间减少1分钟与药品质量之间的关系，即使权威专家也不能一句话说清楚，一切都只能是猜测。

此间有药学专家提醒，抗感染类药最容易发生不良反应，近年来该类药品一直处于各类药品不良反应报告的首位，使用抗感染类药最好到正规医院。药学专家还提醒医务工作者一定要严格用药对象，儿童、老人和有过敏史患者要慎用抗感染类药品；在临床使用时，千万要注意滴注速度，并加强监护。

尽管事件的根本原因至今仍让人“雾里看花”，人们根据死者的就诊过程和身份所作出的各种猜测也不无合理成分，但三条已经逝去的生命却是真真切切的。以前虽然也发生过相关的不良反应，但在如此集中的时间内一下子出现这么多的不良报告病例和死亡病例，这还是第一次。

有关部门被指掩盖事实

这几天，安徽省药监部门的心态复杂而沉重，相关负责人身心俱疲。一方面，要抓紧对药品的检验、召回工作；另一方面，在应对新闻媒体的穷追猛打中，又担心去年安徽泗县的疫苗事件重演。

安徽当地的一家门户网站上，从 8 月 5 日开始就挂出了一名网友很尖锐的批评：“据可靠消息，卫生部门 7 月 29 日就已经到阜阳调查此事，事故可能早就出现，作为药品的监管部门，安徽省药监局和卫生厅等部门肯定早就知道了此事，为什么没有向公众及时通报？说明这些部门根本就没有真正做到政务公开，遇到危机就遮遮掩掩。”

但来自上述两个被批评部门的“申诉”却是：从去年年初开始，安徽省对流行性乙型脑炎和泗县疫苗事件的信息披露十分及时，也在全国引发了轩然大波，但最终的结果却是，乙型脑炎的信息披露被认为扰乱了社会正常心态，影响了社会安定，是“乱披露”，因为以往这一季节也是此类病症的高发期，只不过以往没有披露而已。泗县疫苗事件更是一场闹剧，当媒体几乎众口一词地愤怒声讨疫苗的生产和销售部门的时候，最终众多权威专家的鉴定结果却定性为群体性心理事件，疫苗本身没有问题。由于群体恐慌，泗县当地很多没有任何毛病的孩子都一窝蜂挤到卫生部门免费体检、看病，造成了当地医疗卫生部门不堪重负。

正是有了这两个前车之鉴，安徽省相关部门在此次信息披露中稍显迟缓，在 8 月 1 日媒体曝光后才“被动出面”。

对此，一位业内人士说，患者的生命是无价的，但致命的原因可能是复杂的，很多东西依照人们现有的知识和认识可能还无法弄清，如果一旦最终的检验结果证明并非药品的责任，药厂的损失又如何挽回？面对突如其来的“欣弗”事件，人们一边在等待着事件早日真相大白，一边也在思考着如何才能更加理性地应对和处理涉及人类生命健康安全的突发性事件。

《生命代价为何难换一纸逮捕令》

采|访|手|记

故作嗔怒 逼出真相

赴安徽省明光市（滁州下辖县级市）采访，接待我的一位分管刑侦的县公安局副局长出于可以理解的原因，不愿意说，吞吞吐吐，态度很不友好。跟我握了个手，就遣出更低级别的一个刑警大队副大队长与我周旋，大意是著名的老一套：案件还在办理中，不便细说。

我在事先与被害人家属的交谈中已了解到，当地的地级市政法部门（负责人是我的熟人）在被害人家属的数次上访之后，已开始设立专案组过问此事，而且从家属口中了解到一个重要情节是：之前负责办案的人只管百般推卸责任，后面的专案组对此也很有意见，这一内部互相“狗咬狗”的内幕，这位副局长不知情，但却可以为我所用。

我尽管心里很着急（因为只要这位副局长坚持不说，采访的很多判断、包括被害人家属和证人提供的情况都无法得到旁证的支持，案情真相就永远扑朔迷离），但还是装着很生气的样子走出了副局长办公室，来到民警办公室，对一位参与办案的民警说：“请你告诉副局长，我们对案件的情况实际上已经很清楚，要搞清楚我们来是尊重你们，更重要的是，前面办案的人把账赖在你们身上，你们还不知道，我们采访是来彻底澄清事实，最后要向上级政法机关报告事实的，我们来帮你们忙，你们还不领情？”

那民警终于“听懂”了我的来意。赶紧去向副局长禀报，几分钟之后，看到那民警满脸堆笑回来，我实际上忐忑不安的心才终于放下来。“副局长让我转告，刚才是误会了，让我全权负责向你们介绍办案经过，并看卷宗，中午他过来陪你们吃饭。”几大本卷宗，详细的陈述，到了中午时分，终于满载而归，我心里“恨”透了那位装模作样的副局长，自然不愿意跟他在一起推杯换盏，找了个市里领导在等着的借口，赶紧“溜之大吉”。

借力使力，通过激化采访对象内部之间的矛盾，终于达到了让一方沉不住气说出真相、将案件情况彻底摸清的目的。

巧妙地使用这一计策，必须事先尽可能摸清底细和情况，判定对方内部的两个矛盾对立的方面，利用对方之间的激烈矛盾，借任何掌握内情的一方之“刀”，杀出采访的一条小路，拨开笼罩在事情真相外面的画皮。

2004 年 1 月 30 日

生命代价为何难换一纸逮捕令

本报记者 / 黄勇　通讯员 / 靳生

十年前，在众目睽睽之下，年仅 28 岁的庞德文为了捍卫国家的土地管理政策，被歹徒活活打死。但令人无法想象的是，十年过去了，公安机关在追捕杀人凶手时，却出于种种原因连逮捕证也无法开出。

安徽省明光市（滁州市辖县级市）刑警大队的杨警官一听说记者要采访庞德文的案子，只说了一句“此案前期办得太离谱”，便讳莫如深，再不愿说下去。

去年 11 月 20 日，杨警官和同事牛警官冒着天寒地冻，悄悄地从明光市坐火车三千里，来到黑龙江省齐齐哈尔市。两天前，他们接到齐齐哈尔警方寄来的一份《协查函》，要求协助调查一个名叫王继飞的明光籍人的底细——因为片警发现，此人在齐齐哈尔无亲无故，却长期租住民房，仅以做小生意为生，生意清淡，行迹十分可疑。为了方便安徽方面的调查，齐齐哈尔警方还专门拍了一张王继飞的近照附上。

一听到“王继飞”的名字，明光市公安局负责刑侦的黄局长和杨警官立即兴奋起来。一桩十年前曾轰动一时但至今没有了结的大案又浮现出来。

1993 年 3 月 22 日，明光市（当时还叫“嘉山县”）管店镇土地管理员庞德文在河北村执行公务时，因制止王继飞兄弟等人挖砂毁坏耕地，遭到王家人的围攻。混乱之中，王继飞用一根带尖刺的木棍猛击庞德文的后脑，血流遍地。之后，王继飞及其家人并未罢手，还用暴力阻止与庞德文同行的土地管理干部对庞德文施救，导致救治时间被延误长达 3 小时。当晚 7 时许，庞德文终因脑部受重创失血过多，永远地闭上了眼睛。

令人匪夷所思的是，抓捕凶手，嘉山县公安机关的行动出奇地慢，一直到第二天晚上才出动。而此时，参与行凶的王继飞 4 兄弟早已逃之夭夭。

有知情者告诉记者，实际上，事发的当天傍晚，从庞德文被送到医院抢救直到最终不治，凶手这边一直都有人守在医院等消息。这边凶讯一出，立即就有人回去通风报信。

如果公安机关行动的迟缓尚可以用“失误”来解释的话，事发后，在公安机关的调查摸底中，与庞德文同行的事件现场目击者和当事人大批缺位，而另一批伪证却堂而皇之地出现在案件卷宗中，则更令人无法理解。

一位姓张的土地管理干部向记者证实，他和 3 位同事在事发当天下午都在现场，由于当时被穷凶极恶的王家人分别团团围住，他无法对身上带着公款和发票的庞德文进行保护，但他亲眼看到王家人揪着庞德文打骂行凶，在被围困短短几分钟之后，他从人群中再看到庞德文时，庞已倒在血泊中。他至今还记得王家人叫嚣着“今天非要你们的命”，并有十多位村民在事发现场围观，庞德文倒地后还有村民劝王继飞兄弟赶紧住手。

张告诉记者，事发当晚，他和几位同事都在县医院，守候在庞德文身边，当时确有公安人员向他们了解情况，但了解得很随意，既没有做笔录，更没有让他们签字确认。对案件侦查具有不可或缺价值的现场目击者张某、王某等人，就这样奇怪地淡出了公安机关侦查的视线。张某也因此案，再也不敢从事什么神圣的土地管理工作，解甲归田，做了农民。

而进入了公安机关视线的又是什么呢？令 1996 年后才接手此案的杨警官等人吃惊的是，卷宗里都是河北村一些村民的所谓“证言”。有的说，“我们没有看到王家打人，好像是土地管理所的人先动的手”；有的说，“土地管理所的人闯到人家里，还调戏妇女”，至于“调戏”的是谁，则语焉不详；还有的说，“好像是他们内部自己打起来的，土地管理所的人拿着砖头要砸老百姓，结果不小心砸到他们自己人头上”。

根据卷宗里的这些证言，无法确认谁是凶手，更无法对凶手正式批捕。

到了 1994 年 11 月，在申请办理庞德文“土地卫士”称号的相关材料中，明光市公安局首次确认了“庞德文系被王继飞持棍殴打致死，此案我局已定性为杀人案”。

但据知情者透露，证明只是证明而已，顶多为庞德文获得应得的荣誉提供了一些便利，却不能对追捕罪犯的行动有所推动，该证明材料也没有进入案件卷宗。从那时开始，公安机关一直称“多次组织力量到各地追捕，但都没有结果”“现仍继续追捕中”。

后来接手此案的一些警官因凶手迟迟不能归案，曾提议将王继飞报公安部网上追逃，结果领导的意见是：一报网上追逃，抓住凶手的功劳就是别人的，而且还要付外地警方的办案经费，这个钱我们出不起，也不愿出。

但据悉，明光警方的有关人员以追逃为名，已跑了天南海北许多地方。

在齐齐哈尔警方的配合下，杨警官和牛警官巧妙地敲开了王继飞的门，并当场对其进行了传讯。因为在离开明光市之前开不出逮捕证，两位警官除了悄悄揣上手铐外，再不敢多声张，面对真正的凶手，也只能声明是“传讯”。从法律的角度来说，在传讯之前，依照案件的卷宗记录，王继飞连“犯罪嫌疑人”也算不上。

但令两位警官欣慰的是，负案在身的王继飞早已厌倦和疲惫了十年的逃亡生活，见到家乡来的警察，心理防线全部崩溃，“我招、我招”，王继飞恨不得一口气把十年前犯下的滔天罪行说个透。

4 个小时的连夜突审，一切证据确凿，真相大白。

去年 12 月 28 日，杀人凶犯王继飞终于被批捕。

就像一些令人遗憾的案件一样，这一次，正义，又迟到了。十年前，28 岁的庞德文风华正茂，一腔热血，牺牲时妻子已经有 5 个月的身孕。惨案发生后，悲痛欲绝的妻子只好到医院做了人流，她无法接受自己的孩子一生下来就没有父亲。从此，一个家庭的幸福永远成为追忆……

如果没有东北那位负责任的警官的职业敏感，没人知道，罪犯还要逍遥法外多久。十年沧桑，尽管国家给了庞德文崇高的荣誉，但凶手逍遥长达十年，凶手家人至今仍不时窜回乡里威胁知情者不得透露实情，这些给受害者家属造成的难以磨灭的心灵创伤，如何才能平复？

第四计

新闻三十六计

以逸待劳

等待五天的和盘托出

以逸待劳

第四计

原文

困敌之势，不以战，损刚益柔。

直译

要迫使敌人处于困顿的境地，不一定要直接出兵攻打，而是采取“损刚益柔”的办法，令敌人由盛转衰、由强变弱，再发动进攻，便可获胜。

运用关键点

『以逸待劳』的思路更多地适合相对静态而又头绪繁多的事件的调查，而不是重大的突发性事件调查，否则会变成消极等待，贻误战机。

实战案例㊀

《中国青年报》 2006/7/24

《咸宁医学院违规扩招内幕调查》

采访手记

等待五天的和盘托出

以逸待劳的“逸”和“待”字既不是面对突发事件时的火中取栗，更不是消极等待，而是需要准确的判断和良好的心理承受能力，在和对方（往往是因各种顾虑，不愿意轻易透露真相的人）磨合的过程中，能从对方“欲言又止”的表象中判断出其内心的顾虑，从而耐得住时间，保持良好的自我状态，以静对动，以正当的诉求、不急不躁的姿态积极调动对方，努力牵着对方的鼻子走，而不是被动地让对方调动自己（当然其中对方会有一些缓兵之计，我们要将计就计去配合顺应，不要轻易拒绝，导致对方反感）。如此，才有可能让对方在一段时间的思想斗争之后逐渐打消顾虑，和盘托出真相，我们才能满足自己真正的需求。

还有一种相似的情形是，不急于在第一时间让对方说出真相，而是充分考虑到对方的处境，以对对方真诚的尊重，以真诚的保护对方的态度，等待对方在自己觉得合适的时机和场合打消各种顾虑，说出真相。

咸宁医学院非法扩招事件的采访，一开始想象应该是较为容易的。因为事情就发生在这所学校，而写信揭发的人也正是当时的在校学生。有内部人士的线索，按照调查性采访的常理，突破就只是个程序问题。

但现实却是，采访的很多时候并不是“请客吃饭”那么简单。从一开始，我们就感受到学生的热情，感受到他们对学校的一些违规现象深恶痛绝的锐气和敢于向报社披露事情的勇气，还有他们的单纯可爱。我们要到他们的宿舍采访，他们还要保护我们，怕我们“暴露目标”，冒着酷暑（采访期间正值湖北当地的黄梅天，气温持续在 40 摄氏度上下，一出门或稍微动作一番便是大汗淋漓）几次来到我们驻扎的位于城区边缘的一个较为隐秘的宾馆，和我们长谈，一次不低于两个小时。

但通过交谈，面对我们刨根问底的发问，我们又明显地感觉到，很多情况都是“纸上谈兵”，缺乏最有力的证据来作最有说服力的、对方难以驳倒的证明。

我们还分明感觉到，学生们都认为（或是相信）证据存在，但似乎都不知道证据在哪里，有的学生希望我们能从校方直接拿到，但显然这是不可能的，调查性报道采访的一个基本规则是：以隐身采访为主要方式，不到万不得已，坚决不能和“问题方”提前碰面。

在学生们的引荐下，我们还见了学校里几位很正直的老师，他们对校方在学生学籍、成绩管理方面的混乱状况，对学生乱收费的行动都很气愤，但对非法扩招、将大专生通过收费直接录取为本科生的重磅违规事实，也只是听说，不知道具体是哪些学生，违规扩招又到底有多少人。

这种让人有点蒙圈的状态一直持续到第四天，几天里，我们一直和同学们保持密切联系，也向他们通报我们获得的每一点点新的线索。我们的努力，同学们都看在眼里，终于，我们第五次约见他们，慷慨解囊请他们吃饭，两瓶啤酒下肚，其中的一名同学吐了真言。

实际上前几天，一个掌握最重要证据的学生和他的女朋友——证人，已经来到我们的驻地，但因为各种顾虑，没敢在第一时间告诉我们所有的情况。当她的男朋友终于鼓起勇气告诉我们惊人的事实时，女孩子小张已经拿到毕业证书回家等工作了，因为父亲在县委党校工作，已经在县医院帮女儿联系好了单位。毫不犹豫，我和同事甘丽华小姐（现任华中师范大学新闻学院的老师）立即顶着烈日的暴晒，坐上了四面透风、通往县里的破中巴，当天来回，一身衣服湿透了三次，当我用快要被汗水淋湿的相机将那个写着“低分录取”的证据结结实实拍了两遍后，我意识到，又一次艰难的采访终于圆满了。

2006年07月24日

咸宁医学院违规扩招内幕调查

——教育部：将实行高校学生学籍电子注册，严把高校“进口”关

本报记者 / 黄勇　甘丽华

一张“湖北省学校专用收费票据”的收费项目一栏，赫然写着“低分录取”字样。日前，湖北省咸宁医学院2006年应届毕业生小张（化名），鼓起勇气向记者展示了这张能证明其一段“并不光彩的经历”的纸条。

从2001年开始，咸宁医学院开始大规模违规扩招，不少学生像小张一样，虽然在高考中没有达到本科录取线，但也凭着从2.5万元到5万元不等的“敲门砖”，迈进了本科的行列。

在这场大规模的“学历寻租行动”中，钱成了唯一的硬通货。

学校根据学生的考分开价

2001年9月，小张以与本科录取最低分数控制线相差近50分的成绩，被咸宁医学院专科录取。本来，没有如愿考入本科，小张本人和当教师的父母都有些沮丧。但没想到，从军训开始，小张所在的专科班就和本科班“混编”在了一起。

军训还没结束，就有一名神秘的老师打电话到小张家，说像小张这样的考分，只要交够钱，军训一结束就能马上“专转本”，立刻成为本科生，从本科的大一开始读起。

经过与校方的讨价还价，价码定为 2.5 万元。这对于小张家来说可不是一个小数目，因为开学时一次性交费就将近 1 万元。但在“改变孩子命运”的巨大诱惑下，小张的父亲还是在 2001 年 9 月先向学校交了 1 万元。5 年后，眼看女儿很平静地完成了 5 年大学本科学业，今年 6 月，小张家将剩下的 1.5 万元欠款如数交给了学校。小张也在今年 6 月底顺利地拿到了学校统一编号的、货真价实的咸宁医学院本科毕业证书。

小张当然不是唯一的受益者。据小张介绍，仅她所在的班级一年级刚开学时，就从专科班一次整体转入本科至少 30 人。小张也不是最大的受益者，因为分数最低的同学高考分数只有 300 多分。有的学生原本是学文科的，尽管本人对医学没有一点儿兴趣，却也在家长的“威逼”之下，被迫走进了医学院本科专业的教室，为的也是一张本科文凭。

据了解，学校开出的价码，是依照学生的考试成绩定的。除了依照高考分数确定不同的交费额度外，小张还记得，一年后，学校在专科生中组织了一次考试，并私下里通知学生说，前 30 名可转入本科，但必须在 3 天内交清 3 万元，30 名以外的交 5 万元也可以转成本科。要好的同学悄悄告诉小张，实际交费多少是根据这次成绩来定的，讨价还价的结果，成绩排名靠前的几名学生，最少的只交了 5000 元，其余的则是 2.5 万元、3 万元、4 万元不等，最多的交了 5 万元。

5 年究竟违规招了多少学生

咸宁医学院违规扩招内幕调查
教育部：将实行高校学生学籍电子注册，严把高校“进口”关
高招将实行学籍电子注册
违规扩招引来三大负面效应

咸宁医学院从 2001 年开始的大规模违规扩招中究竟多招了多少学生，对外人，甚至是学校的许多学生和老师都是一笔糊涂账。知情者透露，即使是直接掌握招生大权的人，也很难一口报出个准数来。

但对于学生和教师们来说，一个明显的感觉就是，班上的同学越来越多，学校的学生越来越多。

咸宁医学院的一名教师在接受记者采访

时说，真是很有意思，课上着上着，你就会发现越来越多的陌生面孔。有时两次实验课仅隔一周，当任课教师还拿着上周的老名单点名时，却奇怪地发现竟然多了许多人，实验课只好重新编组。

在部分知情教师和学生的帮助下，我们获得了一些可以作为例证的数据，部分列举如下：

2001 级临床医学专业共有 3 个本科班，序号分别为本一班、本二班、本三班，到 2003 年时共有学生 659 人，与刚入学时相比各班人员变动情况是：本一班 218 人，转入 36 人；本二班 220 人，转入 34 人；本三班 221 人，转入 34 人。此外 2001 级口腔专业 96 人，转入 32 人；影像专业 46 人，转入 13 人。

2002 年学校对外公布的本科招生计划是 1555 人，当年咸宁医学院和原咸宁师专合并为咸宁学院共同招生，这一计划数是包括咸宁医学院和咸宁师专在内的近 20 个本科专业的招生总数。但实际上，截至 2006 年 6 月的统计，2002 级招收的学生仅临床医学一个专业就有 6 个班 1100 人。根据一位有心人的统计，这一数据在 2004 年 9 月时还是 5 个班 955 人。

2005 年学校对外公布的当年度医学类本、专科总招生计划是 865 人，但截至 2006 年 6 月，据不完全统计，此类在校生已是 1120 人。

违规招生渠道繁多

据了解，咸宁医学院的违规招生渠道有很多种。

从小张提供的这张收费票据上可以看出，校方为了遮人耳目，对这名 2001 年就进入本科班学习的学生的收费“所属年份”写成了 2004 年，为的是制造一个小张通过参加“3 + 2”专升本考试升入本科的假象。因为按照国家规定，2001 年入学的大专生参加“专升本”考试的时间应该在 2004 年。但小张的学号是无法更改的，收费单上小张的学号中有明确的 2001 年入学的证据。

自 1998 年大学扩招以来，随着本科招生计划的增多，为了拓宽人才培养的畅通之道，经国家教育主管部门批准，各省区陆续推出了“专升本”政策，即在国家统一确定的本科招生计划框架内，每年拨出一部分指标，实行“3 +

2”模式，由各省招生部门统一组织考试，顺利读完3年专科的学生可以通过考试选拔后继续进入相关院校，通过两年的学习后拿到本科文凭。

但记者在采访中了解到，在湖北省，这项政策在实行过程中却变了样。政策的几条底线被突破——一是原本严肃的“3 + 2”模式，竟然在主管部门的默许下，被许多高校改成了“1 + 3”和“2 + 2”，即专科仅上一年或两年，没毕业的时候，就提前进入本科；二是严肃的“专升本”考试不是在省级招生主管部门的组织下全省统一进行，而是各高校自行命题考试；三是专升本成绩合格的学生进入后两年的本科学习时，本应与正常本科生交纳一样的学费，但在湖北，却被强加了8000元的“培养费”。

到了咸宁医学院，专升本的模式更进一步地变成了像小张同学那样的“0 + 5”。在专科还没有念一天的学生，交钱就进入了本科教室。

据知情者透露，这些中途转入的学生来源较广，除了上述的本校专科生“直升”外，还有黄石等地的专科生、原咸宁师专的专科生（其中包括大量的文科专业学生）。为了扩大生源，该校还使过一个暗度陈仓的高招——与当地的教育学院联合招生，以教育学院的名义招入专科班后，转为咸宁医学院的本科生。

违规招生促发更多腐败

开了口子后，很多借机生钱的名堂便都搭上了这趟车。一系列大规模的违规操作，最终酿成的是溃堤式的招生腐败。

比如所谓的“特长生”。小张入学的2001年，咸宁医学院在山西省增招了28名本科“体育特长生”，每个学生收费2万~3万元不等，此举为学校创收60余万元。

据知情者透露，所谓“体育特长生”只是个借口，这些考生并未经过体育测试，高考成绩低者只有300多分。按道理即使特长生也要先读两年预科班，但实际上学生交纳费用后，这一项也没有了，“摇身一变”就成了正规的本科学生。

记者在采访中还了解到，小张入学的2001年，咸宁医学院若干本科专业招生计划没有完成，这更给校方的违规操作增加了“合法”的借口。即使本来

校园周边嘈杂无序的环境，与当时学校混乱的招生秩序如出一辙（摄于 2006 年 7 月于湖北咸宁）

按照录取政策、通过降 10 分可以补录进入本科学习的学生，也被强令每人在正常的学费之外交 5000 元，才能办理入学手续。

通过违规扩招后进入本科专业的学生，很多无法跟上进度，不过没有及格的学生都有重修的机会。尽管上级部门三令五申重修不得向学生乱收费，但在咸宁医学院，重修费为每个学分 30 元，只要交钱大都能通过。这样，7 个学分的生理学，就“值”210 元。学生们还发现，由于学分“值钱”，一些科目如内科学、外科学，学分都在悄悄地涨，有的一年之内就从 8 个学分涨到了 10 个学分。

一名学生向记者透露了重修中出现的现象。今年年初，国家有关部门明令规定，学生重修的一切费用全免。但咸宁医学院的两个见习地点（湖北省孝感市中心医院和湖北省仙桃市第一人民医院），每年都有老师去那里收重修费。本来没什么奇怪，但收钱后老师就会发张卷子给学生做，其实就是抄课本，卷子上交，前后不超过 1 小时，学一个学期的科目就重修完毕。但在咸宁医学院，这两个见习点的学生较多，每年可以收的重修费也不少。

另一名学生向记者回忆了今年 6 月底的一场全校性的补考。补考在晚间进行，有两个近百人的考场。每门课 50 元，一手交钱，一手给卷子。学生们打趣地说，我看老师就像超市的收银员。

违规扩招引来三大负面效应

教学资源透支

混乱的扩招很快透支了学校有限的教学资源。

咸宁医学院几年来除了小修小补外，再没有增加教学和生活设施。学生们反映，每学期考试之前的一段时间，教室里就会像煮饺子一样，上自习的学生人满为患，很多人只能在走廊里看书。学生宿舍本来已很陈旧，狭小的寝室最多的住了 9 个人，令学生苦不堪言。

炎热的夏季，很多学生在教室和宿舍都待不下去，只能露天纳凉，校园里一派乱象。

面对来路复杂、知识水平参差不齐、背景各异的学生，教师的正常教学也变得十分费劲，无法按照原有的节奏和进度教学，因为很多学生基础太差，压根儿听不懂课。

由于学生太多，有限的师资也无法运转。有的课程只是发书让学生自学，最后来一次开卷考试了事，即使遗传学这样的重点课程，也不例外。

学生作弊成风

“你为什么不让我及格？”“因为你考得太差。”

“不行，当初让我们上学，就承诺能让我们考试通过，顺利毕业。”

这个在一般学校里无法想象的学生质问教师的场面，在咸宁医学院却屡屡出现。

一名刚参加完期末考试监考的老师，捏着一大把学生们精心制作的用来作弊的纸条，无奈地说，作弊“抓都抓不完”。现在在咸宁医学院，越是后进的学生越是天不怕地不怕，因为他们当初迈进这所学校的大门，基本上是被家长逼的，很多人并不喜欢学医，他们有怨气。而使他们有冲着教师发泄怨气的胆量的，则是学校有关方面负责人在收了这些学生的钱之后“君子”般的承诺：

放心，保证毕业，拿到文凭！

另一名教师痛心地对记者说，这几年随着学校混乱扩招，一些低分录取的学生入学后根本无心学习，搅乱了整个学校的学风。一些原本想好好学习的学生也被传染，学习劲头大减。这名教师不会忘记一名好学生对他吐露的真心话：老师，我现在怎么突然觉得学习很无聊？

这名教师向记者透露，学校为了确保这批扩招入学的学生能顺利毕业，确保学校能通过上级部门的教学评估，要求各门课的及格率必须达到85%以上。而实际上，很多学生按照教学要求根本无法达到。一些正直的、坚持原则的教师不愿随意改变已经批阅完的成绩，结果最终还是教务部门，要么在试卷上直接改成绩，要么是将教师们已经拟好的成绩单改个面目全非。

学校声誉丧失

尽管咸宁医学院近年来的违规扩招全都在暗中悄悄进行，但其以“专转本”为代表的行为还是出了名的。今年毕业的一名学生向记者说起了他的求职经历。

这名在学校成绩优秀的咸宁医学院应届本科毕业生，今年4月获得了武汉市一家医院的面试机会。一听说是咸宁医学院的，对方立即提高了警惕，一连问好几遍：“你是统招统分的，还是专转本的？”

第二次面试，对方又问起这个问题，并解释说：不是不相信你，而是你们学校这几年什么专转本、专升本的，乱七八糟。最后，对方要求这名学生出示能证明其高中学习的经历和成绩的相关凭据，因为这些东西眼下还没有人作假。还好，这名同学一直将重点中学的高中毕业证和当年的高考分数单都珍藏着，这才通过了面试。

另一名到浙江找过工作的应届毕业生则痛惜地告诉记者，咸宁医学院过去在浙江的很多地方都是个金字招牌，因为前几届的师兄们干得很出色。但这几年不行了，用人单位一听是咸宁医学院的学生，立即免谈。一名在企业人事部门工作的员工干脆地说：你们那里水货太多！

采访后记

他们站出来需要很大勇气

各地的教育主管部门、招生部门和一些高校在每年招生季节来临前后，都反复提醒人们要注意各种招生欺骗的伎俩，特别是千万不能相信什么“低分上大学”的“骗局”时，善良的人们都信以为真，以为这些“骗局”的确不可信，一旦陷入便人财两空。我们也是带着这样“善良”的信念开始这次艰难采访的，但结果却让人大吃一惊。

几名淳朴、善良的大学生鼓起勇气为我们提供的证据不容置疑。

我们知道，他们从吞吞吐吐地向我们讲述涉及自己的校方违规行为，到果敢地把最有力的证据亮出，是经过一番激烈的思想斗争的。因为那些证据，藏着他们不可告人的隐私，更要命的是，此举可能会给他们带来一系列的负面影响。他们应该能够想到，他们原本可以躲避，但他们最终却全然不顾。因为他们的信念只有一个：让这些不正常的事情不要再继续发生。

同样可敬的，还有学校里那些年轻正直的老师。近来有关举报人屡屡遭受打击报复的报道相信他们大都看到过，但面对记者，面对良知，他们还是掏出了自己的心里话。平时他们在学校里的公开场合，多少有点敢怒不敢言，但真到了问题最严重的时候，他们还是挺身而出。如果没有他们，一些肮脏和丑陋的内幕，一些影响着高校良性发展、戕害着年轻人才成长的阴暗面还将会隐藏许久，甚至扩大。正因为他们的存在，阳光终将会照进每一所原本神圣的大学校园。

此“计”更多使用在采访时机的把握上，是后发制人的思路和办法。

如对重庆开县井喷事件的“独家追问”，选择的是在事件发生两个月之后，以静制动。避开当地对媒体采访的高度敏感期，而赶在法院开庭审理当事人之前这一时机，达到媒体监督应有的效果。

当然尽管如此精心安排，记者在现场还是差点被发现。尽管在当地“潜伏”了几天后，有意选择了星期六、星期日两天展开对百姓家庭挨家挨户的集中采访，但还是碰上了周末到农民家鱼塘钓鱼的“父母官”。

好在还有“浑水摸鱼”的计策。我事先就跟老乡们说好一定不要暴露我的身份，就说是从重庆来的家里的亲戚（因为我的装束尽管不洋气，但起码一看就知道不是当地农村的，特别是一口普通话，更容易露馅）。

当我们试图用舆论监督报道去推动整个社会面上进步的时候，实际上会产生的一个效应便是一些个体需要为此“进步”付出代价。

一些个体是因为违规必须受到处理的，但往往还会有一些个体，原本是无辜的而受到牵连，如何避免这样无辜的个体付出更多的代价？

这里录下的就是当时报道发出后我收到的一个学生给我的留言——

记者，我是曾经接受过你采访的一个医学院学生。我现在对你作为一个记者的职业道德深表怀疑！当初是要调查我们学校学位证的黑幕，当初以为你们是我们的救世主。可是你近日发表的新闻却只字不提，却用一个高校普遍存在的问题拿我们学校开刀，把所有的学生一概而论。当初以为是为学生好的你们最后却害了我们，工作了的同学在人前无法抬头，在找工作的同学处处碰壁，而且还有可能会失去五年时间换来的毕业证。你们利用了我们的善良和无知，你一定得了不少稿费吧？恭喜你！

我当然不能接受这样“嚣张”的质疑，不能接受这个学生对新闻媒体作为社会公器、在整体上激浊扬清推动社会进步的价值的误解，但我对他在求职中的遭遇的确深感遗憾，甚至说是一种“淡淡的愧疚”。是的，很多时候，社会的整体进步，有矫枉过正的过程，需要个别人或部分群体付出代价，落到谁头上，都会对这种付出、对这种个人利益的牺牲深怀不满。

第五计

新闻三十六计

趁火打劫

让谎言只存在一天

趁火打劫

第五计

原文

敌之害大，就势取利，刚决柔也。

直译

敌方出现危难时，就要趁机进攻夺取胜利。这是利用优势，相机而动，制服敌人的策略。

引申义

从对方的危急、困境、灾难中取利；攻击处于混乱之中的敌人。

运用关键点

与处理相对静态新闻的『以逸待劳』完全不同，面对『火烧眉毛』一般形势会迅速发展、影响到广泛群体利益的重大突发事件，一定要与时间赛跑，分秒必争，第一时间下手，尽快披露真相，乱中取胜，以正视听。

实战案例（一）

《中国青年报》一版 2007/6/28

《安徽高考统分出错始末》

实战案例（二）

《中国青年报》 2007/6/28

同第十七计《安徽黄口镇千余教师集体请假》

采|访|手|记

让谎言只存在一天

1977 年恢复高考以来，性质最为严重的与考试相关的恶性事件之一，竟然不经意间在安徽发生了。

2007 年 6 月 27 日一早，正值当年的高考统分结束和分数线刚刚公布期间，备受各界关注的安徽省教育厅网站上突然出现了一则异常的“紧急告示”：一个分值高达 32 分的题目的得分竟然被漏统了。这意味着安徽全省 26 万多考生的高考得分及已经确定的分数线都要发生重大改变，这可是影响到几十万人命运的事情，事情严重的性质让人很容易作出判断：这是一起堪称自 1977 年恢复高考以来发生的性质最为严重的与考试相关的恶性事件之一，其所引发的后果或者通俗地说，就是“折腾”人的程度，是那些替考、作弊或是个别人在有限范围内泄露备用试卷等现象所无法比拟的。记者在文章中列举的一些细节已经足以说明问题，安徽铜陵一个考生在拿到漏统的分数后当即跳江自杀，更是令人无比心痛！

当地早间的报纸当天随即刊登了有关部门发给各媒体的通报，通报的核心内容是：事故的原因是“计算机故障”。通报和当地报纸几乎同一时段出现，很显然头天夜里拼版的当地报纸是预先就得到了通知。果然，内部消息灵通人士告诉我，有关部门头天晚上八点钟给出了要求刊登的内容，在当地媒体刊登

《通报》时还特别要求“不得随意改动一字”。正是这一重要细节马上引起了我的职业警觉：里面可能有大文章，有大猫腻。我立即意识到，必须“趁火打劫”，趁许多人还在对真相怀疑的时候，趁有关方面似乎还在遮遮掩掩的时候，尽快将事实真相弄清楚，让这起令人无法轻易原谅的恶性事件的事实早日大白于天下。

事情发生后，高度重视的教育部主管部门火速赶到了安徽事发现场，如果被动等待主管部门的调查结果，起不到关键时候作为党和政府的瞭望哨的作用，和重大事件中第一时间纾解社会焦虑的作用，所谓新闻机构的作用就只是摆设，更枉谈智库了。如果集体沉默，默认了地方有关部门自我遮掩的现实，更是新闻职业的道德底线所无法承受的。此时，就是“打劫”的最佳时机。

到底是计算机疏漏，还是人为的疏漏？这是问题的焦点！

也许家人的记忆最为清晰。我的岳母那一段正好在我家小住。那天她发现一贯遇事较冷静的我有些异样的“狂躁”，从一大早确认这一消息，开始辗转多方打听，非常困难，好不容易想起的一个调查线索，断了；又想起一个线索，又断了，对方的回答大致都是：确实真的不知道到底为什么。

但对现状的强烈的狐疑，确定了“趁火打劫”目标后激发的职业冲动，让我下定决心要与时间赛跑。但现实是除了有关部门的所谓“通报”，看起来很难再有别的消息源。

光有怀疑是不能写成文章的。关键是要找到真正洞察或掌握内情的权威人士。为此，我至少打了 30 个电话，其间几乎多次失望或断线，但功夫不负有心人，最后终于通过一位“铁哥们儿”知道我的另一位“铁哥们儿”正是掌握内情的人。真是天无绝人之路啊。我拍着胸脯向哥们儿保证，绝不会出卖他（或“她”）。两位铁哥们儿，一位是经常谈心的“红颜知己”，另一位是平日里通过采访结识的朋友，其后互有往来，彼此互相信任。从 1991 年年底开始涉足新闻行当以来，多年来以真诚和情谊苦心编织的朋友圈子，终于在关键时候发挥了决定性的作用。

关于“编织朋友圈子”这一点，我想向大家补充透露家里和个人的一点隐私，或是曾经一段有些苦涩的心路历程。

刚当记者那会儿，收入每月三四百元，比上不足，比下有余，只要有朋友造访，我一律以礼相待，实实在在好酒好菜，单位在合肥的闹市区，周边酒楼比比皆是，下馆子很方便。在我的孩子出生之前的很长一段时间，我几乎成了朋友圈子交往中的一个最重要“枢纽”。当然“枢纽”是需要建设的，建设是需要投入的，结果我不仅是“月光族”，还要常常靠借钱度日，当时最苦恼的事情是你到别人那里，人家那么热情，人家过来了你也不能失礼，但往往是别人用的公款，而我一个普通记者，既没有用公款消费的权力，更找不到报账的地方，只能用有限的私人收入来“攒人品”，有时为了面子，为了不让人家有心理负担，还故意吹牛“能报，别担心”，为此没少挨家人的奚落。但我想，豪爽者有豪爽者的通行证，我多次在采访陷入困境之后能得到“天助”，老是有比较好的运气，可能正是因为热情和真诚感动了像“上帝”一样的我的朋友们，当然，可能有读者认为我如此结交的是一帮酒肉朋友，但我想，只要是用心付出的交往，总归有合理的回报。

因为避嫌和保护线人的因素，我至今还不能将我的这次采访“内幕”完全解密（也许等到本书下一次有充实再版的机会时，我会将全部秘密告诉大家），我只能向他（或者是“她”）表示感谢，在最关键的时候，平时我认真结交的这些权威人士的正义感和责任感，使我努力追求的第一时间的“趁火打劫”终有斩获。

那天中午 12 点多，在“狂躁”了近六个小时之后，我终于获知最准确的事故原因，我兴奋得中午吃饭只是简单扒了几口，赶紧写稿，一边写着，一边将此段时间掌握的关于那年高考之后发生的一些异样情况进行了梳理和回顾，遂有了在全国独家报道那次事件真相的《安徽高考统分出错始末》一文。

报社接到稿件后，极为重视，时任《中国青年报》总编辑陈小川先生，一个以评论而著称的新闻人，在第一时间给我发来了回电“表示敬意”，给了我工作极大的肯定。2007 年 6 月 28 日文章见报后，新浪、搜狐等主要门户网站一直挂在主页的位置上，一时间在全国引发强烈反响。其中的核心影响力是对事件原因系“人为”而不是“机器所为”的“以正视听”。

2007 年 6 月 28 日《中国青年报》确认事件系“人为”的报道见报，事件真相通过互联网迅速传开，全国一片哗然。当天下午，由安徽省教育厅主持召开的新闻发布会，作为中国青年报记者的我，破例被通知参加会议（通常情况下中国青年报记者是不会被邀请参加他们的新闻发布会的，这个部门的一些官员对坚持舆论监督的媒体是提防的，正常的采访要求也经常被拒绝），正是在这个会上，教育部派到安徽参与事故调查的技术专家明确地推翻了地方有关部门向社会公布的谎言：漏统的原因是人为失误造成的！安徽当地相关部门试图制造的“弥天大谎”就此只存在了短短一天时间，就在媒体率先披露的事实面前被击得粉碎。新闻，再一次体现了它在第一时间追求事实真相的力量。

2007 年 6 月 28 日

安徽高考统分出错始末

本报记者 / 黄勇

文科综合科目统分出现错误

6 月 27 日一早，互联网上这条来自安徽媒体的报道，让许多人惊讶不已。

“有没有搞错？”这句平时人们用来搞笑的口头语，这回竟在一个省的范围里实实在在、严肃认真地叨念着。

据安徽省教育厅通报，今年安徽省高考“文科综合”科目成绩，因计算机漏统了第 39 题考分，致使文科考生成绩统计有误！

全省文科考生成绩重新统分合成

实际上，从今天凌晨 3 时开始，在当地颇受关注的安徽教育网的主页上就破天荒地出现了一则紧急通告：“经核查，今年我省文科考生‘文科综合’成绩统计有误。我们真诚地向全省考生和家长道歉。现全省文科考生各科成绩已重新统计合成。请广大文科考生于 6 月 27 日 7 时通过电信声讯台、安徽招生考试网、安徽教育网查询重新划定的文科本、专科各批录取最低控制分数线和本人各科成绩。我院（指安徽省教育考试院）将发放新的成绩单。”

据消息灵通人士透露，在这则消息出台前，安徽省教育考试主管部门的主要工作人员度过了一个不眠之夜。

昨天下午稍晚时候发现这一天大的纰漏之后，安徽省教育招生考试院立即组织技术力量进行排查，首先对文科考生成绩重新统分合成，然后对该省所有考生的其他科目成绩进行排查，确认无误后根据重新合成的实际成绩重新划定了文科各批次（含艺体类）录取最低控制分数线。结果是：该省一本文科分数线从 537 分调为 551 分，二本从 501 分调为 515 分，三本从 481 分调为 493 分。该院同时确定，6 月 27 日 7 时通过电信声讯台通知考生查询新的成绩和分数线。

在第一时间接到消息的教育部，立即组织专家组，连夜乘飞机赶往合肥，处理这一罕见的突发事件。

几十万人长夜难眠

被漏统的考题，是一道包含三个小题、分值高达 32 分的综合材料题！

这道题的得分结果，直接而严重地影响着参加该科考试的全省 26.3 万名考生今天和明天的命运！

严酷的现实和天壤之别的未来，让很多人在煎熬中长夜难眠！

合肥一名考生自己估分 580 分，结果 6 月 25 日分数出来时只有 563 分，羞得孩子和要强的家长不愿见人，因为害怕别人说他“瞎吹牛”。27 日凌晨 3 时多，这名家长从睡梦中被消息灵通的同事叫醒，得知“情况有变”。她和孩子紧张得一夜没睡，一直守到早晨 7 时拨打查询电话，得知重新统计后的分数出来了，是 585 分！这名家长和孩子如释重负：终于讨回名分了！

对六安的考生小王来说，这次始料未及的折腾，直接影响的是他命运的轨迹。之前错误统计的分数，他是 474 分，距离一般本科最低线差 7 分。全家人都比较遗憾。他已经在准备复读。而今天 7 时打通电信声讯台的电话，带给他和家长的则是一阵啼笑皆非的惊喜。按重新统计，他的第 39 题得分 20 分，总分数 494 分，比根据重新统计后的分数最新划定的本科最低线正好高出 1 分——他一夜之间从一名失意者变成了幸运儿！

各界的质疑未得到及时重视

其实，漏分的迹象两天前已显现。

6 月 25 日当地高考分数公布之际，考生们的估分令人大跌眼镜。当地多家媒体在经过采访后刊发了诸如《今年安徽文科分数线缘何“大跳水”》的报道，对今年文科考生成绩普遍下降，文科录取线最高一档从去年的“573 分”骤降到今年的“537 分”（相差 36 分）表示了不解，因为在考试难度没有什么大变化的情况下，537 分的一本录取线，是最近几年来该省的最低纪录。

当地媒体记者在经过详细调查后发现，考生们估分与得分的差距普遍有二三十分之多。而在文科的几个科目中，“文科综合”这门课普遍得分较低，也是估分最令人大跌眼镜的一科。

让很多资深的高中老师惊讶的是，“文科综合”今年的难度并未加大，但合肥今年全省高考文科状元的“文科综合”成绩却只有 218 分（满分 300 分，按百分制计算就是 70 分多一点）!

但可惜的是，来自考生和媒体的普遍质疑，没有在第一时间得到重视。

据一名参加今年高考统分的内部人士透露，今年安徽参加高考的人数比去年增加了十多万人，造成最后阶段统分工作十分紧张，忙中出错就成了必然。

还有一个细节是，为慎重起见，过去每年高考分数统计结束后，至少要经过半天时间的保密期，才向社会正式公布。这中间会有一个检查和回旋的余地。而今年，可能是因为怕内部人士提前泄露的原因，从统分结束到公布，中间只有短短的一个小时，显得十分仓促。

机器的错？还是人的错？

据相关通报称，6 月 26 日，安徽省教育考试院安排技术人员对文科综合阅卷数据进行核查时，发现承担安徽省网上评卷软件服务的海云天公司提供的文科综合科目成绩漏统第 39 题分数，该题分值 32 分。

但在 27 日中午，记者从消息灵通人士处获得的信息是：进一步涉及具体人员的原因追查仍在进行中，但可以确定的是，造成此次事故的原因并非早些时候对外公开的“计算机疏漏”，而完全是人为的疏漏！因为重新核查已经发现，26.3 万份“文科综合”考卷第 39 题得分的原始数据全部都储存在网上评卷系统的计算机数据库中。但在最后的统分阶段，这一批原始数据没有提供给负责统分的计算机网络程序，因此计算机很真实地将第 39 题的所有成绩数据全部忽略。这中间，计算机运作程序没有发生问题，更没有发现有病毒侵入的迹象。

一名知情者向记者透露，安徽省高考统分软件系统的设计制造者是深圳的一家著名软件公司。全国使用此套软件系统的省份共有 15 家。一些省份已使用了多年，一直安全运行。安徽省是第二年使用此套软件，去年使用时没有发生任何问题。

据最新消息，教育部专家组及时赶到合肥的事故现场后，尽管已排除了计算机软件系统本身的问题，但为慎重起见，6 月 27 日早些时候，教育部已急电全国使用同类软件的相关 15 个省份展开全面排查。目前没有任何问题报告。

考生及家长希望更多些透明度

安徽教育考试主管部门已对因工作失误造成的不良影响，向广大考生和家长公开道歉，并表示将以此为鉴，深刻吸取教训，认真举一反三，切实做好录取工作，确保高考公平公正。

参加文科考试的 20 多万名安徽考生，已借助先进的电信声讯手段，在第一时间查询到了新统计的本人分数和重新划定的分数线，从而使整个疏漏的化解都发生在志愿填报之前，避免了更大的社会影响。

记者在采访中了解到，当地媒体接到这一事件的通报是 6 月 26 日晚 11 时，此时对分数的重新统计和排查工作已经结束。尽管通报中有些语焉不详，但却被告知在刊登时不得随意改动一字，而有关事件的详细原因在通报会上没有提及。与会者普遍感到“不便细问”。

多名考生及家长就此向记者质疑：这不还是有关权力部门在“自说自话”吗？真的要让大家明白事件发生的真相、要取信于民，就应该在纠正错误的过程中及时通知新闻媒体介入，让新闻媒体了解事情发生、发展和化解的全过程，从而让老百姓真正相信“这回问题是真的解决了”。这样的举措比什么诚恳的道歉都实在。

第六计

新闻三十六计

声东击西

当事人的家门是怎样艰难敲开的

声东击西

第六计

原文

乱志乱萃，不虞“坤下兑上”之象；利其不自主而取之。

直译

敌方神志慌张，乱成一团，不能判明和应付突发事件，这是失去分析判断情况能力的一种征象，要利用敌人失去自控力的时机将其消灭。

引申义

表面说要攻打东边，伺机却攻击西边，即以假象迷惑敌人，伪装攻击方向，出其不意夺取胜利。

运用关键点

在进行一些调查报道的时候，因为真实目的一旦暴露就会受阻，所以必须先隐藏自己的真实目的，看上去或是名义上在『东边』做事，虚造声势，实际上『东边』没有做事，却在做『西边』的事，而西边的事，是真正要达到的目的。

实战案例㈠

《陈乃理命案采访实录》

《安徽青年报》 1992/4/10

采|访|手|记

当事人的家门是怎样艰难敲开的

1992 年的早春二月。合肥倒春寒。大雪。但在大雪纷飞中，一桩血腥的命案却震惊了合肥，也震惊了全国。合肥化工厂的一名年龄刚 30 出头的年轻司机（兼企业外勤），用他工作的工具——一辆卡车，把早上步行上班的厂长陈乃理撞死在路上。

1991 年年底到 1992 年，为了对国有企业早日进行建立现代企业管理制度的改革目标，中国在一部分国有企业中，特别是规模较大的国有大型企业中兴起所谓“砸三铁”的风潮。“三铁”指“铁饭碗、铁工资、铁交椅”，实际上就是要动一部分职工的“奶酪”，通过裁减冗员，切实提高国有企业的效率。

这场触及切身利益的改革，一时引起了国有企业职工思想的动荡。改革开放以来，中国的国有企业改革探索企业用人、工资与职责制度改革，突破传统的计划经济体制，逐步面向市场。

这个血案，就是改革探索的代价。令人有些遗憾的是，代价是血淋淋的。这么大的一个案子，到底详情如何？案发后各方有何反应？无疑是社会各界普遍关注的热门话题。但考虑到问题的敏感性，有关方面对媒体的采访是拒绝的，甚至对犯罪嫌疑人的家人也下达了封口令。

我当时刚刚通过安徽省新闻界有史以来第一次面向社会公开招考记者的考

试，被安徽青年报社录用为记者，也是这家在安徽地方上很有影响力的媒体破天荒第一次面向社会公开招录采编人员。对一名刚入行的新记者来说，采访这样的事情，既刺激，但更多是挑战。

果然，案发后报社派出了几拨记者，包括摄影记者在内，四处碰壁，见不到当事人，无法进入新闻事件的内核中。

连续几天的雪，依然在下着。我在第一次采访一无所获之后，又一次撑着一把破伞冒着大雪走向合肥化工厂的大门，不过这一次我已有了新的盘算。来之前，我给在合肥化工厂子弟学校工作的一位好朋友打了电话（尽管事情已经过去了快 30 年，恕我为了避嫌，暂不透露此人的真实姓名，期待本书有再版修订的机会，到时能进一步揭秘真相），试图从侧面打听一些情况，却没想到喜出望外，这位朋友就是犯罪嫌疑人孩子的班主任。

一个“声东击西”的主意立即浮现——让我的朋友打头阵，用家访的名义敲开犯罪嫌疑人家门——其时正是学校放寒假，班主任家访一是天经地义，二是任何一名家长也无法拒绝、不敢拒绝的事情。等到进入家里以后，再相机亮明身份，诚恳说明真实来意。

就这样，我让我的朋友走在我的前面，我隐身在后，让我的朋友敲门。

“有人在吗？我是 X 老师，来家看看孩子！”

屋里人还是稍迟疑了一小会儿。但最终通过门缝、确认是孩子的老师要家访，门终于开了。

可以想象的是这家的家主已经犯了罪，这个天已经塌了的家庭是什么样子：孩子的妈妈看上去很年轻，但却是满脸的悲戚，靠在床上流着泪，额头上敷着一条白色的毛巾。

孩子的老师她是认识的。看到站在他身后的陌生的我，她很快明白了几分。我就此诚恳地亮明来意——怕直接来惊扰你们，让 X 老师领个路，知道你们家现在是最难了……

我话未说完，孩子母亲已是号啕大哭：“他（指孩子父亲）也是被逼得走投无路了啊！”

从孩子母亲此后断断续续的陈述中，我们拼接出与这起骇人听闻的案件直接相关的很多细节，比如他（指行凶者）从外地出差回来，就发现连个办公桌也没有了，后来发现办公桌椅被人扔到走廊的一角；给他安排待岗，只能领到基本工资；他已退休的父亲和被他撞死的厂长过去都是老同事，他的父亲也做过厂领导，对现在这个厂长还有提拔的知遇之恩，但没想到改革面前，脸皮全撕破了……

正是这些重要的细节，凸显了改革的艰难和改革难以逾越的一些门槛，也让我们对改革为何要付出如此巨大的血的代价的原因，有了最直观的感受和答案，有了至今也难以忘怀的切肤之痛。

这些话，如果进不了家门，永远不会听到，永远会淹没在无尽的时光里，尽管后来报纸上的报道，因为各种考量，对惨案发生的原因，并没有做完整的交代，但这些家里面掏心窝的话，却足以作为背景，撑起了文章作为一个重要的历史碎片的价值。

1992年4月10日

陈乃理命案采访实录

本报记者 / 黄勇（执笔）王庆慧 陈军 李晓光

瞬间惨案发生

早晨7点40分，合肥化工厂厂长陈乃理照例从家中骑车上班，行至厂大门西侧时，该厂供销运输处统计计划员穆辉宁驾车从后面突然将陈厂长撞倒，倒车后又从陈厂长胸部碾过，致使陈乃理厂长当场颅骨粉碎，在送往医院的途中死去，同时被撞伤的还有3人：一个是正去上学的化工厂子弟学校小学四年级学生王军，脑震荡；一名女同志头部受伤，另一名姓赵的女同志骨折。3人全被送进医院。穆辉宁轧死人后并未逃离现场，后被合肥市郎溪路派出所公安人员抓获。此时离8点的上班时间还差几分钟，正值工人进厂的高峰期，人们纷纷挤上前去……

陈乃理家：妻子本来身体就不好，现在靠吃药度日；70多岁，身体硬朗的老母无法承受

陈厂长去了，妻子张善芝失去了自己亲密的伴侣！很多人来看望，一拨又一拨，把厂长家不大的房间填得满满的。张善芝见人就哭，止不住地哭，泣不成声：老陈……早晨……还坐在床沿上思考问题，还在念叨，有好多事要做，有好多会要开，今天又要忙开了！张善芝原来就有严重的高血压，现在，巨大的悲痛更使血压上升，每天只能以吃药度日。张善芝那双哭得红肿的眼睛，叫

人看了怎么也难以忘掉！

70 多岁的老母闻知噩耗，从怀远县赶来，原来硬朗的身体也无法承受，脸色苍白地躺在床上，整天嘴里不停地念着“乃理，乃理”，眼看着十来天人瘦了一圈；亲属担心：老人要是承受不了，又该怎么办啊！

的确，儿子活着时，公务缠身，没有一次陪老母两个小时以上的时间，可现在，51 岁的儿子先她而去，就是再想叫儿子陪一分钟也不行了啊！

陈厂长的叔叔、弟弟还有其他亲属也纷纷赶来，大家都要尽到亲属的一份责任，都要分担这无法承受的痛苦。

穆辉宁家：妻子好好的身体不行了，孩子也没法上学去

穆辉宁家里也笼罩着重重的愁云。妻子用绝望的话语说：“我丈夫是死定了，可扔下我们孤儿寡母的怎么办啊？我才 30 多岁，还年轻，以后的日子怎么过呀！”平日性格倔强的妻子再也忍不住辛酸的眼泪，尽管她想竭力控制。我原来身体好好的，现在不行了，不行了，我哪能受得了，眼看着一个好好的家庭就要垮掉了。女儿上 5 年级，成绩好好的，长得也很招人喜欢，可现在家里出了事，她哪还能去上学？只好待在奶奶家里了。

家里人都说她好像一下子变了很多：原来丰满的双颊陷了下去，那双充满忧伤的眼睛却显得格外突出！

化工厂子弟学校：40 名学生的联名信

陈乃理命案采访实录

陈厂长的妻子张善芝在子弟学校当语文教师。现在家里发生意外，她连正常的身体健康也无法保证，更谈不上去学校上课了，这可把学生们想死了，他们平日喜欢听张老师讲课，换其他教师上课是行，可在短时间内学生们无法适应过来，这些纯洁无瑕的孩子很理解老师，他们也想为老师分担一份苦痛、送上一丝安慰。

一束花夹着一封包含真情的信被送到张老师家里。信中写道：张老师 / 蒙蒙烟雨中 / 风吹得

好冷 / 心碎得好痛 / 你可知 / 在那另一片天空中 / 有 40 颗星等着您 / 盼您的目光 / 盼您的身影 / 盼您的谆谆教诲……

是啊，这些纯真的孩子，他们本来可以像以前一样有规律地学习、生活，现在他们同样品尝了痛苦，蒙受到损失，要知道，他们可也是 40 个家庭里的一员！ 40 个家庭啊！

穆辉宁家：很想再见最后一面

骨肉之情，难以割舍。自从穆辉宁被逮捕后，家里人特别是妻子很想再见一面，即使是从老远的地方能看见他也行。3 月 14 日案件开庭那天，穆的家人包括妻子 7 点钟便到了法庭门口，焦急地等待着，而且想在穆辉宁被带进法庭的时候看上一眼也好。妻子说："他毕竟还是我的丈夫啊！谁能想到他会干这样的事，我要是早知道了，就是打断他的双腿，也不让他出门啊！" 家里人还事先烧了一些好菜带来，想在休庭时送上来，也算是送上最后一餐，尽上作为亲人最后的一点心意。

陈厂长妻子：悲恸日久，无法到场

陈厂长的妻子本来是可以到法庭旁听审判过程的，可是连日的痛哭和巨大的精神打击，已使他原本虚弱的身体无法承受，到了法庭，不更是雪上加霜吗？家里人只好劝阻她留在家里，安心休养，可谁都能想到，无论去还是不去，陈厂长的妻子又怎能安下那颗被巨创损伤的心啊！

这起案件留给人们的沉思很多很多……

善良的人们总会去想，假使穆辉宁不……

但愿悲剧永远不再发生！

第七计

新闻三十六计

无中生有

怎样的“无”？如何生出“有”来？

无中生有

第七计

原文

诳也，非诳也，实其所诳也。少阴，太阴，太阳。

直译

运用假象欺骗对方，但并非一假到底，而是让对方把受骗的假象当成真相。用大大小小的假象去掩护真相。

引申义

本指本来没有却硬说有。形容凭空捏造。

运用关键点

以发现真相为使命的记者的采访当然不能凭空捏造，而是要在实践中探索如何从经常会遇到的表面上一无所有、完全遮蔽的局面中，找到『有』的突破口。这是对记者人脉阅历积累、综合素质和临场反应能力的锤炼和考验。

实战案例㈠

《中国青年报》 2005/12/30

《广东部分地区安全隐患堪忧》

采访手记

怎样的“无”？如何生出“有”来？

2005 年 12 月 26 日，广东中山大火发生的第二天一大早，作为报社重大报道机动记者的我，在我的驻地安徽合肥刚忙完年底手头的一些琐碎事情，就突然接到报社时任《特别报道》版副主编罗旭辉（后任中国青年报社副社长、现任中华儿女报刊社总编辑）的电话，十分焦急地询问，能否立即启程赶赴头天夜里广东中山大火的现场。

旭辉告诉我，大火中罹难的主要是年轻人，对《中国青年报》来说这肯定不应是一场一般的火灾，而彼时广东记者已有孕在身，不便作“大运动量”的采访。

一个基本的判断是，就采访突发事件而言，赶到现场的最佳时间已经错过，我和报社驻安徽机构的同事靳生昼夜兼程，出租车到机场、一下飞机立即由广东方面的朋友迅速用车接应，迅速赶往中山。

尽管从我们自身的角度来说是第一时间到达，但对这起突发事件来说，想“趁火打劫”已经是不可能了。事情已经过去了整整一天时间，现场已经按照惯例戒备森严，早已被封锁，任何“闲人”不得入内。在现场只能远远看到，一座有点像白宫的建筑，被火魔刚刚舔舐过，四壁随处可见烧焦的痕迹。广东方面的同事告诉我，驻当地的记者只有少数几家跟随着地方领导到现场并深入到酒吧里面探视，但很快就被告知只能发有关部门的通稿，在原因彻底查清并对外公布之前，不要“自作主张”。

广东同事平日和消防部门关系甚洽，除了了解到消防部门正在统计和核查具体的损失，结果至少需要几天时间这一“大路消息”之外，所有正面的采访都无法得到任何有用的信息。

尽管大火的的确确发生，我们到达当晚住宿中山市坦洲镇，一家不大的私人酒店离火灾现场的夜总会也只隔两个街区，但现场显然是不可能再进入了。我们在当地人生地不熟，不可能有其他消息源，更何况消息源实际上是被地方有关部门掐断的——一个标准而又冷冰冰的“无”的现状。

但大火是肯定发生的，造成的人员损失从新华社已经发布的基本情况的消息来看也绝不是个小数字，到底是什么原因发生的火灾，死掉的那些年轻人又到底是什么身份，他们难道在火灾发生前就如此漠视自己的宝贵的生命吗？谁该对火灾负责？负什么样的责任？

对这一连串问题的追问使我一个晚上几乎无法安枕，对此次采访前景的不可预期让我辗转反侧。

第二天一大早，六点多，早已睡不着的我从房间里走出来，走到了因时辰太早人烟还稀少的大街上。尽管北方此时已是寒冬季节，但在南方，却是温暖湿润的时候，早晨的空气也是特别的清新，我一边看着不远处的火灾现场，心里默默地为死难者哀思，一边突然从脑子里蹦出了一个想法：在这个不大的镇子上，这么大的一起火灾肯定是这两天大家街谈巷议的焦点话题，我能不能从中寻出一点线索来？

这个想法让我郁闷了一整晚的情绪立即振奋起来，那种记者职业特有的兴奋感又回来了。我几乎是竖着耳朵，在街边一边装作无事的样子，一边却用心在听我能听懂的“只言片语”——因为到过广东数次，已经可以对当地话听出个大概。

真是天助我也——有心人，“天”不负啊。离我居住的酒店大约不到 100

米的地方，一家不起眼的路边摩托车修理店，勤快的老板一大早已经开门开始了活计，他和一个熟悉的街坊在聊天，我稍稍驻足两分钟，分明从他们的对话中听到了“大火”、“那家死了两个”的字眼。

根据这两个路人指点的具体方向，我走到实际距离我所住的酒店很近的小区门口，走到门口就能感受到此时的门卫都很警觉，但过分的紧张却也可能导致意外：我在和门卫尚有三、四米距离的时候，刚从夹克的口袋中掏出记者证，门卫先开口：是公安厅的吧。做过多年公安记者的我瞬间反应过来：底色为蓝色、烫着银字的老版记者证，大小与警官证十分相似，再加上我穿着夹克，很像公安的便衣，他把我当成来调查案子的警察了。因此我几乎是第一时间“顺水推舟”，马上回答：来见死者家属的！他们住哪儿？“讲政治”的门卫告诉了我具体的门牌号。

这短短一分钟的一问一答，不仅避免被挡在门外，解决了进入小区的大问题，还解决了如何尽快找到死者家属的大问题，我压抑住内心的狂喜，因为随后的采访实际上已经进入日常程序了。最大的障碍已经破除了。

2005年12月30日

广东部分地区安全隐患堪忧

本报记者 / 黄勇　林洁　特约撰稿 / 靳生

“来酒吧玩就是图痛快，哪还顾得上看安全出口”

每个周末的晚上，白领叶韵通常会换上一身时尚前卫的行头，约上四五个朋友到人气最旺的酒吧，而且风雨不改，因为这是他们一周来“神经”唯一放松的时刻。虽然夜已深，但在震耳欲聋、乌烟瘴气的酒吧里，青年男女几乎背靠背坐着、跳着，乐此不疲。

“你会注意安全出口在哪儿吗？如果发生火灾，你该如何第一时间逃离现场？”面对记者突如其来的询问，他们大都显出不屑一顾的表情。有的说：“我相信自己不会这么不走运吧。”有的说：“来酒吧玩就是图痛快，哪还顾得上看安全出口。”有的说：“万一发生火灾，人家往哪跑，我就往哪跑嘛。”

记者从广东省公安消防总队获悉，今年1至10月，广东省共发生火灾14021起，死亡215人，伤262人，直接财产损失6624万元，12月起，更是日均发生一起死人火灾。有关负责人表示，进入冬季以来，广东省火灾形势严峻，火灾起数有上升趋势。目前，全省还有138家政府挂牌督办的重大火灾隐患单位未整改完毕，其中整改期限在今年12月31日前到期的有121家。据了解，这些火灾多发生在晚间，主要集中在“三小”场所（小档口、小作坊、小娱乐场所）等，占火灾致死总数的一半以上。

记者暗访，诸多地方安全隐患堪忧

12月25日，中山市坦洲镇檀岛酒吧特大火灾造成26人死亡的教训仍在耳边回响。连日来，广东公安消防部门几乎全员出动，进行地毯式清理。记者随机对一些酒吧、网吧、步行街、城中村等娱乐场所或年轻人经常出没的地方进行暗访，发现其间存在的消防隐患确实令人担忧。

走进一家临江的酒吧，一股混杂了酒气和烟味的热浪扑面而来。绕过屏风，借着微弱的射灯，40平方米左右的大厅里，密密麻麻的都是人头。舞台中间有两名穿着暴露的女子正在跳着艳舞，周围则坐满了年轻人，津津有味地欣赏着。不足6米宽的空间里，竟连坐了8排人，过往的服务员只能从留下的半条通道侧身而行。

有些酒吧为了营造出有情调的氛围，往往灯光昏暗，且常以深颜色、多个镜子来装饰，让人有进电影院的深一脚浅一脚的感觉，可店主还往往在不大的空间里有意地造出曲径通幽的景致来，一旦发生意外，更是让人“如入迷宫难逃生”。

由于很多酒吧的面积本来就不大，许多酒吧都挖空心思地将空间并不高的房间隔成两层，而为了节省空间，又将楼梯建成拐角形的，让人上下楼都提心吊胆。复式结构让二楼的空间显得特别矮小，屋顶又以一种易燃的化纤材料加以装饰，伸手可触，一个烟头都可能给这里带来一场夺命的火灾。

记者暗访了多家酒吧发现，许多酒吧内部装修多采用大量易燃材料，特别是墙面、地面多采用海绵、布艺等，极易引起火灾。记者发现，很多酒吧没有消防设施，有的设置不符合规范要求，有的已经过期了，也没有明确标识出消防通道的确切位置。一个偌大的大厅也只有一个通道，甚至没有窗口；有的酒吧虽然设有安全通道，不是堆放杂物，就是大门紧闭。而且，没有一家酒吧张贴有关消防安全的规章制度。

消防部门称，广州状元坊存在重大消防隐患

无独有偶，广州有一条人气很旺的商业街——状元坊，240米长的狭窄街道聚集了当下韩国以及我国港台地区最流行的小饰品，往那里去的都是中小学生和追求时尚的年轻人。全街商铺近2000间，每天平均客流1.5万人，节假日高峰期达 4 万多人。

记者在状元坊看到，商铺就分布在街的两边，而且都是横向深入 10 来米，每条小巷子的商铺都超过 10 家，进进出出的人摩肩接踵，空气十分混浊，如果遇到周末，非得屏住呼吸侧身拼命挤，要不肯定进不去。记者随机采访了几名正在挑选东西的中学生，手中琳琅满目的小饰品吸引着他们。

明年元旦前，状元坊商铺将减少 900 多间。早在今年 9 月 26 日，广州市政府就对状元坊消防隐患进行过调查。消防部门称，状元坊存在重大消防隐患：占道经营严重，由于占道经营，有的通道仅宽 60 厘米~80 厘米；消防设施不足；未经消防部门审核，私自增设档口等。该市副市长苏泽群提出：市场出入通道、公共空间、消防管理人员和消防设施要增加，人流量、市场规模和商铺数量要减少。

据消防部门介绍，逃生无门是造成火灾死亡的主要原因。严重违反消防安全规定，人为堵塞消防安全疏散通道、锁闭安全出口，以致火灾发生后人员无法逃生，造成人员伤亡的情况仍很严重。

“城中村”出租屋已成消防整治的重点和难点

据广州市公安消防局局长林楚国介绍，广州目前有城中村 136 条，登记出租屋 26.06 万套、86.05 万套（其中住宅出租屋 74.4 万套，非住宅出租屋 11.65 万套），居住流动人口 90 多万。“城中村”作为城内出租屋最为密集、问题最多的地方，“握手楼”多，消防通道不畅，消防设施严重不足，一旦发生火灾，容易引起群死群伤的大事故。

据了解，出租屋达标的指标主要有四项：消防安全，结构安全，产权清晰，不是违法建筑。而消防安全是最为重要也是亟须整治的。有关人士指出，“城中村”出租屋的消防整治，已成为广东省出租屋消防整治的重点和难点。

从广州市公安消防局提供的情况看，私营企业火灾形势严峻。去年广州市私营企业共发生火灾 96 起，死亡 18 人，受伤 26 人。主要是因为私营企业老板只重视经济效益，忽视消防安全，存在火灾隐患不及时整改，防火安全教育工作不落实，职工消防安全意识淡薄。

第八计

新闻三十六计

暗度陈仓

“活老虎”是怎样打成的?

暗度陈仓

第八计

原文

示之以动，利其静而有主，“益动而巽”。

直译

以正面佯攻，故意暴露自己，利用敌军被我方的迷惑手段所蒙蔽的时候乘虚而入，顺着常理行动，就会每天有增益，直到永远。

引申义

明的暗的都有动作，明面里修的是栈道，但真正的目的是暗中悄悄“度陈仓”。

运用关键点

与『声东击西』不同，东边明里造的是声势，实际未做；暗中做的是西边的事。这是『声东击西』。而暗度陈仓是明里暗里都有实际动作。两者实际运用的区别把握就是看是否明面的事也要做，才能让最终的目的更好实现，有时需要，有时不需要。

实战案例㈠

《中国青年报》 2007/4/2

《国家体彩中心原掌门人涉嫌滥用职权落马》

采访手记

“活老虎”是怎样打成的?

国家体育总局体育彩票管理中心原法定代表人、主持工作的副主任张伟华涉嫌滥用职权一案的采访，主要的难度在于要打“活老虎”，因为采访开始时案件正在侦查阶段，是报道的“最敏感时期”，办案机构一般此时最讨厌的就是新闻机构提前打探，但从新闻机构自身运作的角度来看，倒没有一个定律说所有的案件必须等审判完毕后才能报道，相关部门更没有这样“禁止报道”的硬性规定，只是客观上案件信息来源有限，报道的确难度太大。

但如果能提前得到确凿的证据，从新闻报道本身更新、更快的客观要求来看，自然是再好不过的事情。尽管对检察机关的正面采访几次被阻，但却在我们万般的追问之下，北京市负责办理案件的检察机关漏了一个门缝——透露案件“正在办理”。这实际上已经让我们明面上的“栈道”得以修筑，因为至少检察机关可以确认案件的大的走势，避免媒体背上“无中生有”的骂名，甚至陷入案件本身侦查中止、媒体还在生硬造势的被动，也顺便可让检察机关代为确认一个事实：媒体曾经到过！你具体办案人员说不说详细内情，是另外一回事。但作为媒体的一个本分的职责是：必须接触权威机构。

明面上与权威机关的接触只是提供了一个报道可能的前提，关键是要能暗度陈仓。为了挖掘这个我们知道报道出来必定会引发强烈关注的案件的内情，我们“暗中”可谓想尽了办法。

——白天早早守候，深夜进入张伟华所住的家属大院，通过按门铃扫楼，一阵装傻式的提问“抱歉打搅，我想找一下张伟华，他家里没人，请问您最近见过他吗？”获知了张伟华的近况是“最近晚饭后散步，已经很久没看到他”。

——尽管检察机关不愿意透露办案详情，但通过线索挖掘，我们与检察机关在办案中接触的业内人士取得了有效联系，使得检察机关的办案进展我们基本可间接掌握，而且基本是第一时间。因为这些业内人士对检察机关的办案贡献很大，基本把彩票业内“自肥”的秘密抖搂殆尽，因此他们与检察机关的互动也很多，许多重要的信息正是如此到了记者手上。

说起来也许是得道者天助吧。原本冒着自身暴露的危险、在被告人所住的那个家属大院夜间扫楼，获得的信息十分有限，采访一时很难获得新的突破，在焦灼中过去了差不多半个月。但那时刚刚兴起的网络贴吧竟然帮了记者的大忙，一位已经定居国外的华人，在贴吧里表示愿意就此案提供一些情况。从开始的将信将疑到后来的感觉日益靠谱，一直到和“线人”在天津车站广场接头，拿到许多实证，才知道和我接头的人就是和体彩中心曾经合作过的一家天津彩印企业的财务人员，而那位定居国外的华人，就是这家企业曾经的老板。他们因为在体彩中心的暗示下，被迫中止与日本方面的直接接触，改为与国内没有此项工作资质的企业对接，而感到十分义愤，同时也为了自保与安全，最终也中止了与体彩中心的合作。

十多年过去了，但对于那个傍晚和“线人”刘女士（化名）在天津车站广场的接头，依然记忆十分清晰，很有点后来大热的由孙红雷主演的电视连续剧《潜伏》的味道，也是在天津这个经常有神奇故事的地方。

我专门选了傍晚的时候见面，也是考虑再三——在一个较为开阔的地方，不影响我们彼此见面交谈；在黄昏时分，在熙熙攘攘的车站广场，别人也不会注意到我们；即使有些什么意外，疏散和撤离也较为方便。

就这样，暗度陈仓这条路走通了。

2007年4月2日

2005年审计风暴有说法

国家体彩中心原掌门人涉嫌滥用职权落马

本报记者 / 黄勇

国家体彩中心掌门人易人前掌门人将被诉

经过半年多的等待，天津一家印刷企业的刘女士（化名）在3月初的一天，终于从检察机关获知，国家体育总局体育彩票管理中心原法定代表人、主持工作的副主任张伟华涉嫌滥用职权一案侦查终结，将向法院提起公诉。

去年8月上旬的一天，北京天坛附近的一家单位宿舍大院内，突然开进了两辆警车，随后是警方奉命到两个家庭进行长达3个小时的搜查。很快，细心的人们发现，过去经常由张伟华领头的一个晚饭后的“散步队伍”，从那以后基本消失了。知情者透露，在警方搜查之前，张伟华和他的一名同事被通知到单位开会，纪律检查部门的工作人员当场宣布对其实施“双规”。

张伟华“出事”了，开始只是小道消息。但不久人们在网上注意到这样一个事业单位公告栏：“单位名称：国家体育总局体育彩票管理中心变更事项：法定代表人的变更由张伟华变更为王卫东。批准时间：2006-09-04”。

检察机关透露的准确信息是，去年8月上旬张伟华因涉嫌滥用职权被“双规”，同年8月25日被检察机关正式批捕，同时被拘的还有同案的刘某。后来人们看到，刘某回家了。

2006年秋，王卫东悄然成为体育彩票管理中心新任主任，体彩中心主任一职空缺多年后终于有了结果。此事被一网站评为2006年中国彩票十大新闻之一。

记者经查询得知，王卫东是中国奥委会控股的企业集团华体集团的总裁、国家体育总局奥运会场馆和国家队训练设施建设管理办公室副主任、国家体育总局体育设施建设和标准办公室主任。

缘起2005年“审计风暴”，他被审计长点名批评

张伟华案之所以引起社会多方的高度关注，不仅因为此案是继几年前轰动全国的西安宝马体育彩票案和尽管不为外界所知但在业内同样引起震动的“彩世塔”福利彩票案之后，腐败之风首次牵涉到彩票管理的最高机构，更因为两年前著名的审计风暴之后，人们一直在等待着说法，到底谁来承担责任，承担什么样的责任，还有哪些鲜为人知的内幕。

体育彩票案，过去一直集中发生在省市。除了西安宝马体彩案外，最令人瞩目的是福建体育彩票案，先后落马的有倪志钦（世界跳高冠军，福建体委原副主任，在发行体育彩票中受贿，被判处有期徒刑8年）、李联友（福建体彩中心原主任）和荆福生（福建体委原主任，落马前任福建省委常委、宣传部长）。

但2005年6月28日，国家审计署审计长李金华向全国人大常委会作了《关于2004年度中央预算执行和其他财政收支的审计工作报告》，掀起了新一轮审计风暴。其中涉及国家体彩中心的问题首次曝光——

一是2003年至2004年，国家体育总局决定，由体育彩票管理中心向所办的两家公司支付体育彩票发行费，用于彩票印制、发行，但支付的发行费超过实际需要，在扣除全部成本费用后，两公司获利高达5.58亿元。

二是经国家体育总局批准，两公司已支出1.3亿元购买综合楼拟部分用于出租，按投资额125%的比例向体育彩票管理中心、各省（区、市）体育局等投资单位分配2003年现金股利3750万元；另提取个人奖酬金1.31亿元。

三是在彩票印制过程中，体育彩票管理中心负责人弄虚作假，指定所办公司将代理进口电脑彩票专用热敏纸业务，委托给不具有进出口经营权的私营企业，人为增加环节，转手高价采购，致使彩票发行费在 2003 年 2 月至 2005 年 1 月流失 2341 万元。

据了解，审计报告中提到的两公司是中体彩科技发展有限公司（以下简称“中体彩”）和北京中体彩印务技术有限公司（以下简称“北京彩印”）。上述两家公司分别于 2002 年年底、2003 年年初相继成立，均由体育彩票管理中心等几个单位共同投资持股。

2005 年 9 月 26 日，国家审计署发布《国家体育总局 2004 年度预算执行审计结果》的公告，该公告披露：对委托无资质私企转手高价购进热敏纸，造成彩票资金流失的问题，已移交监察部进一步调查处理。目前，监察部正在落实有关人员的责任。

该公告后面附有：《国家体育总局关于落实 2004 年度预算执行审计决定情况的函》，其中与体彩中心问题有关的处理决定有：

1. 公司购置综合楼的处理问题，彩票中心结合体育彩票实际工作和将来的发展需要，同时考虑到中体彩公司是由彩票中心控股的、纯粹国有资本的、专为体育彩票发行服务的专营性公司，综合楼装修的用途也完全是从体育彩票发行业务出发，且公司也已完成了产权登记、纳税等手续，变更产权在操作上非常复杂，也可能带来新的损失。因此，建议综合楼产权仍归公司所有，由中心和公司共同使用。中心只承担其使用部分发生的水电、物业管理等费用，不支付租金。

2. 关于公司奖酬金问题，彩票中心已责成所属两公司在编制 2005 年预算时，剔除审计决定前实际发生部分，将未发放的奖酬金 129049966.74 元作为重大调整事项，调增两公司 2005 年初未分配利润。两公司认真吸取教训，将进一步完善奖酬金发放制度，严格执行薪金制度的有关规定，按照有关规定和实际支出需求提取奖金。

在总结这几年工作的基础上，体育彩票管理中心调整委托中体彩公司的业务范围和具体内容，调整一些业务的定价方式，并根据目前的现实情况和公司已形成资金结余的因素，大幅度降低了定价。

3. 关于采购热敏纸问题，已经终止了采购的对外委托业务。

从 2005 年下半年审计风暴之后到 2006 年上半年，上文提到的单位宿舍大院内一些细心的人发现，张伟华曾经一度在晚间的散步队伍中消失身影，知情者通报是针对审计报告写材料，很紧张，没空闲逛。但很快，张伟华又一身轻松地回归散步队中，从其看上去稳健的脚步中人们判断，“应该没事了”。但没想到，到了去年 8 月风云突变。

据知情人透露，此案因涉及金额巨大，体彩中心又是万民关注的热点部门，司法机关高度重视，在最高人民检察院的直接指导下，由北京市人民检察院牵头，石景山区人民检察院、通州区人民检察院等抽调多名精干人员组成专案组对此案彻查。

“肥水不流外人田”

因为从去年 9 月开始多次接受北京市检察官的调查，天津印刷企业的刘女士成为案件进展的知情者之一。她告诉记者，他们的企业从 1994 年国家批准体育彩票发行开始，就与国家体彩中心有业务往来，并在很长一段时间里负责多种玩法的体育彩票管理软件的开发调试和彩票的印制工作，因此他们的企业是这次检察机关外围调查张伟华案件的重点单位之一。检察机关调取了该企业多年的财务资料，并详细查阅了企业多年来的销售提成、公关交际费用、热敏纸销售等敏感问题的原始记录。

检察机关从天津这家企业获得的一条线索是，多年来，彩票印制所用的都是日本产的两个牌子的热敏纸，可以由企业直接联系日本厂商，从日本直接进口。但从 1999 年 6 月之后，这一简单的纸张进口渠道突然变得复杂起来，一家金融设备公司突然找到了天津这家彩票定点印制企业，要求切断与日本方面的直接联系，改为从他们那里进纸。

刘女士告诉记者，一开始天津方面感到很诧异，很快他们了解到，这家与纸张业务根本不搭界的公司是体彩中心的关系户，只能听命。其结果是纸张的价格比原来的要平均高出 15%，一年的总用纸价值都在数千万元，如此一来，一年就要比过去多增成本好几百万元。纸张品质也有明显差别，印出的彩票表面看起来差不多，但懂行的人知道，根本不是一回事。

刘女士没想到的是，这种人为增加环节，转手高价采购的手段，在与该公司中止合作后，体彩中心仍在沿用。她注意到，2005 年 9 月审计署发布的审计公告中说，彩票管理中心负责人在担任原体育总局体育彩票协调工作领导小组成员兼办公室负责人及北京彩印公司董事长期间，与私企联手造假，指定无资质私营企业转手代理采购，高价购进电脑彩票热敏纸，从 2003 年 2 月至 2005 年 1 月造成国家彩票专项资金流失 2341.26 万元。

据一业内资深人士透露，在体彩行业的"自肥"手段中，纸张进口的猫腻仅是其中一种。

起步于 1994 年的体育彩票，加之 1987 年始发的福利彩票，年销售额从早年的 1000 余万元逐年猛增，自 2000 年起进入狂飙突进的增长期，当年彩票销售收入 181 亿元，2001 年为 288.87 亿元，2002 年为 385.72 亿元，2003 年是 401.4 亿元，2004 年则为 380.57 亿元。

中国福利彩票发行中心和体育彩票管理中心均为事业单位编制，分别负责两大类彩票的发行销售工作，并从销售收入中提取发行费用。

彩票发行费用，是指全部彩票销售所得，刨除返回给彩民的奖金（50%）和上缴政府的公益金（35%）这两大块之后的那一块。在 2002 年以前，彩票发行费占彩票销售收入比例一度高达 20%，2002 年后调整为 15%。

以此测算，中国两大彩票发行机构的发行经费，自 2000 年至 2004 年分别为 36.2 亿元、57.77 亿元、57.85 亿元、60.21 亿元和 57.1 亿元。

《财经》杂志记者叶逗逗 2005 年 7 月在有关报道中指出，彩票发行费用已经成为发行单位的重要收入，出现"自肥"等现象。叶认为，15%的比例仍远远高于国际上彩票发行成本 5%的平均比例。

但上述业内资深人士认为，说国外彩票发行费用仅 5%，显然有所遗漏。

发行费用内包含彩票零售点的代销费用，在国外一般也是 5%，因此，总的发行费用应该说是 10%比较准确。

记者日前来到位于亦庄的北京经济技术开发区，看到一座现代化的彩票印制厂，这就是北京彩印。在整个开发区几十家印刷企业中，这是比较豪华的一家。

一业内资深人士介绍，2006 年 4 月在北京碰到体彩中心的刘某时，从他那里获悉彩票厂已经 3 年不开工。而体彩中心所办两家公司创立伊始就获利惊人。北京市工商行政管理局的年检报告显示：2003 年，北京彩印净利润 8551.84 万元，中体彩净利润 1.96 亿元；2004 年，北京彩印净利润 1.2 亿元，中体彩净利润 7251.35 万元。他质疑：既然如此，北京彩印的巨额利润是如何“创造”出来的？现在只能猜测：体彩中心给外厂的订单是通过北京彩印用来料加工形式发出去的，这个利润是用提高彩票印制价格产生的。

记者经查询得知，该人士说彩票厂 3 年不开工是不准确的。事实上，北京彩印北京生产基地工程于 2004 年 7 月 27 日开工，2005 年 9 月竣工。准确地说，应该是 3 年没有开业。

其实，审计署 2005 年 9 月发布的审计公告中就披露了上述两家公司获利惊人的秘密：2002 年年底和 2003 年年初，国家体育总局决定，将按体育彩票年度销售额 3%集中收取的发行费，留下 0.2%作为彩票管理中心基本费用，其余 2.8%全部拨付给两公司运作。2003 年和 2004 年，体育彩票管理中心共付给两公司彩票发行费 9.69 亿元，扣除全部成本费用，两公司获利高达 5.58 亿元，两年股本收益率为 2149%。上述做法，不符合《国务院关于进一步规范彩票管理的通知》中“降低发行费用，增加彩票公益金”的精神和《财政部彩票发行与销售机构财务管理办法》关于“彩票公益金和发行经费缴入财政专户，按照‘收支两条线’原则进行管理，专款专用”的规定。

据该资深人士分析，除了每年高达几十亿元的巨额发行费这一蛋糕之外，彩票业还有几个明显的“肥区”。

——彩票热销之后，彩票零售点成为大家争夺的掘金宝地，这个“肥区”归各省区市彩票中心管辖。在公认的“肥水不流外人田”的主导思想下，很多零售点留给“自己人”经营。此外，零售点的代销费在国外一般为5%，在我国发展彩票初期，为推广销售，零售代销费有时高达10%，而且居高不下，原因之一是“自己人”经营。零售点一年下来的彩票代销收益，有时能高达几十万元。

——彩票印制费。这个“肥区”在福利彩票是归地方管辖，在体育彩票则归体彩中心管辖。印制费中涉及印制商和纸张供应商，又是一块可供争夺的“肥肉”。有争夺就有好处费和回扣等问题，就会出现一些莫名其妙的中间商。这里面的黑幕，在审计报告中已经有所涉及。

——电脑软件的开发、升级、支持费用，以及电脑硬件，特别是销售终端机的采购等，也是一块“肥肉”。这个“肥区”，福利彩票是归地方管辖，体育彩票则归体彩中心管辖。

——即开型彩票的一个“肥区”就是实物发奖。西安宝马彩票案丑闻发生之后，实物发奖已经被禁止。

张伟华案是否涉及这些“肥区”，外界尚不得而知。

第九计

新闻三十六计

隔岸观火

安徽高考考分漏统
事件的原因定性

隔岸观火

第九计

原文

阳乖序乱，阴以待逆，暴戾恣睢，其势自毙。顺以动豫，豫顺以动。

字面解释

敌方内部矛盾激化，公开地表现出多方面秩序混乱，我方应暗中静观敌变，坐待敌方更进一步的局面恶化。凶恶残暴，任意横行，最终的结果就是自残自杀。顺时而动，天地就能随和其意，做事就顺当自然。

运用关键点

敌方内部分裂，矛盾激化，这时不要操之过急，而要静观其变，找到或发现他们自相残杀的时机，最终达到瓦解敌人的目的。

在具体运用中，成功的决定性前提是要善于敏锐地找到『烧火之处』，要善于在采访中研判采访对象（几个人或一个团队、一个群体）内部的矛盾聚焦所在，设法通过至少矛盾一方或几方对聚焦问题点的情况、态度的挖掘，探知另一方对问题焦点的看法和态度，从而达到获知全部事实真相的最终目的。这一『计谋』是否能成功运用，对采访对象情势的研判最为关键，这再一次说明记者日常对采访对象各种情况（信息）的积累是多么重要，否则关键时候只能是睁眼瞎，不会有『隔岸观火』的好眼力和对问题气定神闲的驾驭。

实战案例㈠

《中国青年报》一版　2007/6/28

见第五计《安徽高考统分出错始末》

采|访|手|记

安徽高考考分漏统事件的原因定性

2007 年 6 月 27 日一大早，随着安徽当地媒体对消息的公开刊登，安徽高考历史上罕见的考分漏统事件确认发生！但令人感到蹊跷的是，有关部门公开的“漏统”的原因竟然是“计算机故障”，也就是所谓的“非人为因素”，是“客观原因”导致。

难道涉及这么多人、又经过多道工作流程的高考统分工作，出现如此涉及当地全体考生的错误，竟然众目睽睽之下没有人发现？稍加判断，我心中的基本感觉是：可能“有诈”！

但对事件真正原因的定性可是个十分严肃的事情，容不得半点虚妄，必须有十足的、权威的证据。在这个采访的具体突破中，我首先敏锐地判断出这把全国关注的“大火”“火情”核心之所在，为最终能不动声色在当地有关部门不知不觉的情况下透视“火情”创设了前提。

要判断是不是“计算机故障”，最好是能找到设计计算机运行程序的人，最好还要创设一个现实的情境，设法让这个设计程序的最重要当事人与事情相关的另一方——主持高考考务的安徽省考试院的相关负责人，即程序的使用方能通过对话确认不是“计算机程序”的问题，更不是设计程序的专家的问题，而是另有他“人”！更重要的是，这样确认事件原因性质的重磅对话，记者必须是直接聆听者，而不能是第三方转述，即所谓的必须直接看到或直接听到。

如此苛刻的采访情境，看起来是不可完成的任务，所幸因为从一开头就有准确的判断，再加上日常新闻线索来源的丰厚积累，全部得以顺利完成。设计程序的计算机专家令人兴奋地找到了，而且这个时候他也正需要证明自己的清白，甚至，这个和考试院负责人对话的采访情境，就是他主动提出的，好让我能确信无疑。此前，他已第一时间和这个负责人通过话，现在，他只是表达一下对这个重大问题的关心，再一次致电问询事情的进展而已，不会招致对方的怀疑。

在和问题的对立面“天各一方”的“隔岸”状态下，我的采访悄悄完成。问题的对立面也正是因为对“隔岸有耳”毫无感知，在和无辜的计算机程序设计专家的对话中毫无防备地泄露了“天机”！确认问题是“人为责任因素导致”！

还有一把“火”，是我日常通过关系积累就早“看得”清楚的——我和熟悉内部情况的一方的交往已长达十年，有数位非常知根知底的熟人，他们平常就告诉我，当时刚刚新组建不久的安徽省考试院的内部情况很微妙，特别是内部一些人对考试院升格后上级的人事安排不满，这一情绪要寻找爆发点，高考统分这件事，是捅出大娄子把水搅浑的好机会，可以让相关负责人承担所谓“领导责任”……

这样的“隔岸观火”，使我能在第一时间把两把“火”都看得透亮，并在调查组正式发布之前非常负责任地公布事情的真相，对挽回地方一些部门试图掩盖事实真相造成的恶劣影响，平息民间情绪，推动事件的快速、妥善解决，发挥了重要作用。

（实战案例原文见第五计“趁火打劫”中的实战案例）

第十计

新闻三十六计

笑里藏刀

要接触到留守儿童，好难

笑里藏刀

第十计

原文

信而安之，阴以图之，备而后动，勿使有变，刚中柔外也。

直译

要想方设法使敌方信任我方而丧失警惕，我方则秘密策划消灭敌方的办法；只有在做好充分准备的情况下才能行动，以避免意外变化。这就是外表柔和而暗藏杀机的计谋。

运用关键点

很多时候记者的采访，一旦涉及敏感问题或是让对方觉得不太光彩的问题，就很难再继续进行下去。无奈之下，一些时候必须打着做正面报道的名头，实际上同步搜集所谓的有杀伤力的『负面信息』。

实战案例㈠

《中国青年报》 2004/2/17

《乡村学子『留守综合征』透视》

采访手记

要接触到留守儿童，好难

在我的这篇《乡村学子“留守综合征”透视》刊发之前，公开的对这一问题的详尽报道极少，难度就在于无法零距离接触这些留守儿童和留在乡村里看护他们的祖辈，往往是记者还没走到村头，就被当地以各种理由半路截住。

但 2004 年年初我们可是接了尚方宝剑，本报很荣幸地被上级领导指派，与新华社国内部一道组成采访小分队，在当年的两会召开前搜集关于留守儿童的各种情况，一方面是为当年两会酝酿的关爱留守儿童的相关政策提供参考，一方面在两会前营造关爱留守儿童的舆论氛围。要实现这项光荣的任务，前提是客观如实地报道好留守儿童的生存状况。

但此事硬来是行不通的。我凭着和皖北几个县团干部熟悉的交情，拍着胸脯一是要报道好他们的创新工作，二是顺便去学校里走走，看看各校如何关爱留守儿童。就这样让学校和地方相关部门“放松”了警惕，我终于在白天认识了一批留守儿童，并做了很表象的交流。

我装作做完这些事，先与各方告辞，实际走了一截后又掉头回来，默默守候在孩子们放学回家的路上，一直等到孩子们放学，我跟着几个白天认识并记下名字的孩子，到他们家附近远远地停下了。就这样一直蹲守在村边不起眼的地方，直到天黑透伸手不见五指，我才开始悄悄出动。

敲开留守孩子的家门后，我第一件事情是亮出记者证，诚恳地说明身份和来意，并向爷爷奶奶们解释为什么晚间打扰，就是怕白天采访给他们带来不必要的麻烦，晚上悄悄进村，他们也不必有任何顾虑，有什么困难就如实倾诉——就这样，我终于听到了祖辈和晚辈在短暂的诧异之后发自肺腑的哭声，这让人也禁不住泪奔的哭声中有辛酸、有埋怨，更有思念。已经过去了快 20 年，我还难以忘记那个晚上在皖北农家的哭声，哭完之后的倾诉显得越发的真挚和纯朴，对留守儿童和留守之家面临的困境因此有了令人最真切的感受。

2004年2月17日

乡村学子“留守综合征”透视

本报记者 / 黄勇　通讯员 / 周景岚

可怕的“全真空”

记者2月11日在安徽北方某县看到，因为儿子、媳妇们悉数外出务工，两位70多岁大娘竟带着9个孙子、孙女，家里就像开起了家庭托儿所，横七竖八全是床。照料孩子们的生活起居，累得老人头昏眼花……

在农村，父母全部外出打工后孩子的生活学习状况，被人们形象地称作“全真空”。

尽管有祖辈在家照料孩子，条件稍好的，生活上疼爱有加，条件差一些的，连孩子的正常生活都很难保证。这种情况对留守在家的孩子的学习成绩、行为习惯乃至心理健康带来的冲击，不仅来得猛——孩子会在短短一个学期，甚至更短的时间内学习成绩和行为表现直线下降，并且持续时间长，最终可能导致孩子与父母在家时判若两人，后果堪称“可怕”。

安徽省固镇县某中学近两年罕见的“严重处分”，落在刚上初二的14岁男生崔某身上。自崔某上初中后，父母便双双外出务工。从此，这个原本内向听话的孩子，便像断了线的风筝开始漫无目的地乱飞。成绩单上一片红字不说，上学期短短两个月便两次打架，一次伤人腿，一次断人胳膊，按照校规，足够开除。

因为崔某的表现，没有一个老师愿意带他，最后是校长出面强行让校团委书记所带的班级收留。老师和崔某谈心，他的回答单纯直白：父母都不在家，我觉得很无聊，谁要是惹了我，就非要教训一下才解恨。

让这所中学的王校长十分惋惜的，还有一个叫欢欢的女生。3 年前刚上初一时，欢欢成绩优异，最好的成绩是全班第二。到了初二，父母全走了，留下欢欢跟着奶奶在家。初二上学期，偶尔还能进班上前三名，到了初二下学期，退到了中等，孩子变得腼腆了许多。等到上初三，欢欢突然就"消失"了，校长四处打听后才知道，成绩下降后，欢欢便有了自卑感，不愿意再上学，跟着父母打工去了。"全真空"状态下，出现了一系列类似的怪现象。

——农村学校里诞生了一批小"老学生"。

2 月 9 日，记者在合肥火车站遇到了去广东潮州打工的江先生。江先生家在安徽，与妻子一起打工已有 10 年，打工收入见涨，孩子的教育问题却让他感到头疼。江先生无奈地告诉记者，他的儿子今年 12 岁，只读到"小学三年级"，因为跟着父母四处奔波，学习老是跟不上，只能读读停停，两次休学，两次从头开始。

安徽省怀远县五岔镇的 9 岁小姑娘玲玲，父母在上海郊区种菜已有 6 年。这 6 年中，小玲玲在奶奶、姥姥、舅舅家辗转，看起来比同龄的孩子要矮半头，还在上小学一年级。

乡村学子"留守综合征"透视
外来务工人员子女求学调查
无人管教自我放弃
情感缺失冷漠内向
四处奔波学学停停
读书无用打工有理
农民工子女教育求索疗救的药方
焦虑中的欣慰与感动

——小小少年误入歧途。

安徽省含山县两个靠 70 岁高龄奶奶监护的孩子，一个 15 岁、一个 13 岁，除了吃饭、睡觉，整天在外游逛，染上了偷窃的习气，甚至连叔叔家的东西都偷去当废品卖。

安徽省肥西县一所中学的一个班上有 20 名学生的父母全部外出打工，其中 3 个孩子因长期无人管教结成了偷窃小团伙，近日东窗事发面临法律惩处……

安徽省怀宁县一位小学四年级“留守男孩”令人心酸的日记，表达出对父母双双外出的无奈和对父母之爱的渴求：“亲爱的爸爸妈妈，你们为什么要成为打工者中的一员？你们已经老了，不适合再去当什么打工者了，假如你们在家，也许天上的光辉就会更亮些……”

据不完全统计，仅安徽一省，每年外出打工者有近 900 万人，已婚者占六成以上，其中夫妻双双外出的约占已婚打工者的三分之一，保守估计，留守家中、在学习和教养方面处于“全真空”的孩子有近百万之多。而在全国，与安徽外出打工人员规模相当的还有河南、四川、湖南……

一项历时 5 年的跟踪调查表明，农村孩子的心理障碍和行为异常比例高达 19.8%，远高于城市孩子的 8%。其中，55.5%的留守孩子表现为任性、冷漠、内向和孤独。他们对待批评教育，极易采取的是逃学、游逛甚至出走等过激行为。

郁闷的“半真空”

记者在调查中了解到，父母外出务工的农村家庭里，约有三分之二是父母其中之一在家留守，以母亲一人带着孩子为主。“半真空”状态从感情的角度看，孩子有所寄托，相比那些父母双双外出而对家感情模糊和淡漠的状态似乎要好得多。

但留守孩子的学习同样不轻松。家中的强劳力走了，平时的大小家务并未减少，十几岁的孩子必须早早当家，喂猪、烧饭、洗衣服、帮着照看弟弟妹妹、抢收抢种……宝贵的学习时间大都被占用。

安徽省固镇县石湖乡的马某告诉记者，上初三的 15 岁大的女儿回到家里就是干活，孩子懂事，干活从无怨言。今年过年，父亲打工 3 年第一次回家待了半个月，她终于有时间第一次做完寒假作业。全家吃年饭时，女儿有些动情地说，最大的愿望就是爸爸能回家，这样她就轻松了。但这个愿望又何时能实现呢？

记者在采访中还了解到，许多母亲留守在家有的是因身体不行，无法承受打工的高强度劳动，这样的母亲即使留守，保证家庭日常生活运转的重担还要落在孩子们身上；有的是因为没有文化，在外打工找不到好工作，还不如回家种田保住口粮实惠，这样的母亲对孩子的学习教育也鲜有帮助；还有些有文化、能干的母亲，看着别人长期在外就闲不住，经常外出挑些季节性的活儿，挣一把钱就回家，看起来家里家外两头顾，实际上一出去两三个月，正是孩子们上学的时间，对孩子的管教近乎空白。

新“读书无用论”抬头

去年12月10日，在安徽省固镇县刘集镇一位姓林的农民家中，一位回家过年尚未返回打工地的父亲，骄傲地向记者展示一个塑料包装袋，这是他16岁的儿子在福建石狮的一家工厂里亲手做出来的。他的儿子初三没念完，就追随打工近10年的父母到了福建，尽管每月只有500元的收入，但父亲已经很满意：“现在大学毕业也有好多人找不到工作，孩子念书念不下去，不如趁早上班，现在自己能养活自己了。”这位父亲还乐观地预测：打工时间长了，工资肯定越拿越多。

类似的“读书无用，打工有理”论者，从家长到孩子，在乡村比比皆是。

在安徽北方某县，一个名叫张洋的16岁初中生告诉记者，他们村里，和他差不多年龄的有十多人，但念完初中的只有他一个，其他的都是小学毕业，有的连小学毕业考试都不参加，就跟着父母或亲友去“淘金”了。

记者近日仅在合肥火车站一天的采访中，就看到了十多个十六七岁的孩子随着父母一起开始走南闯北。记者从学校了解到，这些孩子的普遍特点是成绩差，厌学、逃学。一般从初二就开始成批辍学，到了初三，辍学达到高峰。

为对付辍学，安徽省蚌埠市固镇县湖沟镇第二中学每学期一开始的头件大事，就是让各班教师核对和记下班里每一位学生的电话号码或联系方式，以便学生迟迟不报到或突然消失后学校可以与学生家庭取得联系，许多教师三顾、四顾学生家中做家长的思想工作，在经费困难的情况下，还试图以减免学费来打动人心，但辍学的现象还是很难遏制。该校校长透露，该校共3个年级7个班建制，初一四个班、初二两个班，到了初三只有一个班，画出图来，就是一个陡峭的“金字塔”。

在另一所农村中学的初三年级，上学期有312人，本学期开学刚3天已锐减了 52 人。记者走访多所农村中学，情况大同小异。据学校统计，在这些流失的学生中间，仅有不到 5%的学生是因为家庭经济原因而辍学，大部分是因为学习成绩差、不爱上学或是自己感觉升学无望而自行离开校园的。在这些学生中，父母双方或是其中一方在外打工的人数占很大的比例。而这些学生辍学后的去向，几乎全部是外出打工。

据教育部门的一项统计，农村青少年初中升高中的比例已从 1985 年的 22.3%降到目前的约 18.6%，更严重的是，每年全国都有近 200 万农村少年在小学毕业后即走向社会成为新的低文化素质劳动力，“金字塔”的坡度有日益陡峭之势。根据国家“普九”要求，农村中学年巩固率不得低于 97%，流失率不得高于 3%，从目前的一些情况来看，要达到这一目标困难不小。

第十一计

新闻三十六计

李代桃僵

为公众知情权不惜牺牲小利益

李代桃僵

第十一计

原文

势必有损，损阴以益阳。

直译

当局势发展到必然有所损失时，应该以牺牲局部来换取全局的胜利。

运用关键点

这一『计谋』的引申和运用，已远超出具体的操作手法的层面，实际上是记者和媒体做客观报道，特别是做舆论监督类的调查报道应有的一种气度和担当。不要害怕因为一两件具体的事情、一两篇具体的稿件得罪什么权贵，或者失去原本很好的朋友，要有每天都会结交更多朋友的自信和格局。为了整体利益，为了社会的知情权，不惜牺牲掉与对方处好关系这一局部的小利益。否则畏手畏脚，就不会调动出所有的热情去做好原本就很艰苦的调查。

实战案例㈠

《中国青年报》 2006/6/30

《安徽泗县一学校遭龙卷风袭击倒塌》

采访手记

为公众知情权 不惜牺牲小利益

敌我双方势均力敌，或者敌优我劣的情况下，要善于用小的代价，换取大的胜利。

何为小的代价？需要记者和记者身后的媒体的担当。豁出个人的小利益，不惜一个媒体的小集体的“利益”受损，得罪一些可能对个人或一个小集体很重要的相关方，如连续多年的报纸发行量，来换取报道推出后社会整体的进步，或是对整个社会的警醒。

这一点我的前辈们已经为我树立了堪称光辉的典范，如著名记者、中国青年报社原副总编辑马役军在采写《世界冠军的沉默》《倾斜的金字塔》这两篇曾引发社会巨大反响的报道的过程中所作出的选择。

一个是得罪了某协会，甚至被宣布为“不受欢迎的人”，但报道对中国一些运动队对外比赛中为选择对手而屡屡内部安排的“让球”现象——自己人故意输给自己人，表面看起来是一致对外的所谓“国家利益最大化”，实际上是完全违背竞技体育公平竞赛精神、违背奥林匹克精神的违规之举，通过深入细致的采访报道，做了透彻的曝光，因此报道发出后反响热烈，这篇文章也因此成了作为一名记者的马役军的代表作。

一个是得罪了某高校，较早地曝光了这个全国著名高校愈演愈烈的行政化和官僚化气息，而真正的学术上的权威，在学校的话语权却越来越小的现实。报道同样是引发轩然大波，从报道刊发的第二年，本报在该校的发行就基本降到了个位数，但这篇报道对高校在坚持为党育人这一大的办学方针的基础上，如何实质性地进行行政管理改革，提高学校的运行效率，起到了很大的推动作用，至今仍被很多人传诵。

至于我的个人实践只能说最多是“狗尾续貂”罢了。但从精神层面，我很欣慰算得上是一个敢于“李代桃僵”的传承者。为了这篇文章（原文附后）第一时间的采写刊发，直接得罪了地方的党政主管，曾经是我的好朋友的这位领导和我也从此成了陌路，我至今也不知道，他是否会“真心原谅”我，但为了提醒有关各方做细工作，不要让更多的孩子死于非命，我觉得我付出的代价是值得的。

2006年6月30日

安徽泗县一学校遭龙卷风袭击倒塌

——两名学生死亡47人受伤

本报记者 / 黄勇

一场大风，一场意料之外的大事故，让安徽省泗县长沟镇朱彭村朱彭小学的这个学期提前悲惨结束。

6月29日6时50分左右，朱彭小学遭强风突袭，两间教室倒塌，造成2名学生当场死亡，46名学生和1名老师受伤。

两名男学生当场被砸死

13岁女孩宗雅芹在朱彭小学三年级二班就读，6月29日是他们班期末考试的时间，让宗雅芹本人和她的家人感到无比幸运的是，一桩小事竟让她与死神擦肩而过。

早晨6时30分左右，她和许多同学一样提前到校复习功课。她突然发现一门课的课本落在了家里，便赶紧回家取。就在她回家的路上，一股突如其来的大风将她平时上课的教室刮倒。正在回家路上的宗雅芹尽管被大风刮得掉进了路边的沟里，但幸无大碍。

同样幸运的是宗雅芹的堂姐宗小妹，今年14岁，在该校四年级一班上学。她看到教室的屋顶已经开始往下掉砖头，就赶紧往外跑。他们班的教室只被掀掉了一半屋顶，没有倒塌。当时，宗小妹听到了隔壁教室轰隆一声闷响，她自

安徽泗县一学校遭龙卷风袭击倒塌

两名学生死亡47人受伤

己只是脚后跟受了些轻伤。

但两位小姑娘的同学们就没有这么幸运了。

14 岁的朱家维，男，四年级二班学生，最后一个跑出教室时被砸倒，当场死亡，他的母亲不久前刚刚因病去世。

13 岁的卜海城，男，三年级二班学生，当场被砸死。

同为三年级二班的 13 岁女生张柳，当场被砸得昏迷不醒，送泗县医院急救后已暂时脱离生命危险。

还有 1 名教师和已经到校的四年级二班、三年级二班近 80 名同学被坍塌的屋顶和墙壁压在瓦砾中，其中 46 名同学不同程度受伤，被救护车及时送往泗县医院、泗县中医院，几名头部受重伤的学生被紧急送往蚌埠市医院抢救。

不幸中的万幸是，前一天，该校一、二年级的期末考试已经举行，而 6 月 29 日房屋倒塌时，距离其他年级的考试开始还有近 1 个小时，外校监考的教师还没有到场，学生们也还没有全部到齐，否则大风造成的后果和损失更难以想象。

据朱彭小学的李副校长介绍，事发时年轻教师朱秀娟正在四年级二班维持班级秩序，等待监考教师，结果被砸伤，自己好不容易从瓦砾堆中爬出之后，又奋力从瓦砾中及时救出了 7 名学生，直到精疲力竭晕倒在现场。朱秀娟用自己的实际行动表达了一位人民教师在危难时刻对学生赤诚的爱。

灾害的罪魁祸首是龙卷风

6 月 29 日 17 时许，记者驱车赶到遭受狂风肆虐之后的朱彭小学，看到学校四周 300 多米长的围墙全部被风齐刷刷刮倒。学校共有三排建筑，全部是平房，受损的教室略高于其他房子。倒塌的两间分别是两排建筑最西边迎着风口的四年级二班和三年级二班的教室。其中三年级二班的教室还剩下一面墙摇摇欲坠，而四年级二班的教室则彻底变成了一堆瓦砾。

与两间倒塌的教室相邻的四年级一班和三年级一班的教室尽管没有倒塌，但屋顶和墙壁的顶部已经被掀掉了近一半。四处散乱的瓦砾让人可以想象出当时混乱不堪的场面。

倒塌的教室外面已经用绳子拦住，旁边的一块小黑板上写着：此处危险、不可进入。事发后赶到现场的气象专家初步判断，灾害的罪魁祸首是龙卷风。

同一天，另一乡镇一所小学也被大风袭击，一名学生被砸伤

当地知情者告诉记者，本次事故造成的后果为多年来罕见。

就在去年的这个时候，泗县附近的灵璧县（同属安徽省宿州市），一群正在一座接近废弃的厂房里接受教师违规补课的学生遭到龙卷风袭击，厂房倒塌，当场有两名学生死亡。

夏季，地处淮北平原的泗县、灵璧一代极易遭遇龙卷风和强风的突袭，这在当地已经是常识。泗县长沟镇一名消息灵通人士告诉记者，同一天，另一个乡镇的一所小学也被大风袭击，一名学生被刮掉的瓦片砸伤。

倒塌的教室不是危房，但却是 20 年前建的老房子

记者在采访中了解到，尽管此次朱彭小学倒塌的两间教室是砖瓦结构，去年刚经过鉴定不属于传统意义上的“危房”，但实际上却是 20 年前建起的老房子。

一名在事故现场勘察的专家告诉围观者，那个年代的房子尽管看起来很坚固，但砌墙时所用的黏合材料多为石灰和泥，经过长时间风化，已经很难保证房屋的质量。

更值得关注的是，地处淮北平原的学校，一般选址在野外孤零零的开阔地带，尽管教学环境相对安静，但却处在风口，很容易受到龙卷风等自然灾害和恶劣天气的影响。因此，这一带学校教室的质量鉴定，不应该等同于一般的标准。

早就听说上面要拨款盖教学楼，但两年多一直没有动静

记者在朱彭小学校园里看到，倒塌的两排教室旁边，有将近十间教师宿舍和办公室，尽管此次因为有教室的遮挡，没有受到大风的直接影响，但实际上，其安全系数比看上去还算坚固的教室还要差，如果不及时维护或改造，再次遭遇灾害性天气，后果难以设想。

朱彭小学的一名负责人忧虑地告诉记者，每年都听说上面有危房改造资金安排，但实际上，每次最多只能安排一所学校。像朱彭小学，早就听说上面要拨款盖新教学楼，但两年多时间一直没有动静。

一名教师在深深叹了一口气之后说，但愿完全没有新房子的陈旧的朱彭小学，在此次大难之后能用孩子们的鲜血和生命换来教学条件的改善。

第十二计

新闻三十六计

顺手牵羊

中山大火采访的第一关突破之后

顺手牵羊

第十二计

原文

微隙在所必乘；微利在所必得。少阴，少阳。

直译

对方微小的空隙，敌方的某些漏洞、疏忽必须利用；要善于捕捉时机，变敌方小的疏漏而为我方小的得利。

运用关键点

调查报道中的突破往往像手剥笋一般，尽管事先无法预料，但解开了一层，会自然露出下一层，此时需要因势利导，抓住事先无法预料的一些意外收获（或是事先预料会十分困难甚至无法实现的突破），尽快扩大战果，快速推进。

调查报道中的『顺手牵羊』效应是我们对事先的困难在充分预料的基础上从战术上重视、从战略上要藐视的一个心理基础，也是我们面对困难的调查保持平和心态的一个前提，即我们要相信，随着调查的渐次深入，往往是会有『顺手牵羊』般的收获给困境中的我们带来前行的曙光。

顺手牵羊的效应实际上在获得突破之后，进行正常的追问采访就可实现。

实战案例（一）

《中国青年报》一版　2005/12/30

见第七计《广东部分地区安全隐患堪忧》

采访手记

中山大火采访的第一关突破之后

2005 年 12 月 25 日晚，广东中山市坦洲镇不幸发生特大火灾，几十位欢度圣诞节的年轻人在酒吧里遇难。我们是 12 月 26 日一大早得到报社的采访指令，当天下午稍晚即飞到中山市，在坦洲镇上离火灾发生处不远的一个酒店住下。

12 月 27 日一大早，因对现场已封锁的采访如何开展内心十分忐忑，我清晨就醒来，来到路边，遇到了马路边仅有的两个人——一个修自行车的摊主和他的顾客，隐约听出他俩就是在谈论一天多之前的大火。

我很谦恭地走上前去，装着漫不经心地询问他们所说的死了两个人的一家，住在什么地方，他俩略有迟疑，但还是像唠家常一样告诉我在东边河边一个工厂宿舍小区内，死者的母亲姓刘！我的内心好一阵狂喜！这是运用“无中生有”的计谋很“侥幸”地获得的一次难得的成功突破！正是凭借这一弥足珍贵的线索，我们闯过了中山大火采访最最艰难，也最最重要的第一关！

随后就能品尝到“顺手牵羊”的喜悦了！

按照两位路人提供的线索，我们来到大火遇难者家所在的小区，来到门口，最终“偷梁换柱”（第二十五计）以核实事实真相的“警察”的身份（本来我们没有“冒充”警察的本意，也没这个胆量，但估计是第二版深蓝色的记者证和警官证一样的制式和颜色，门卫竟然认为我们是来调查火灾情况的警察，我们也就顺水推舟顺利进入小区——记者注）进入了死者的家中（此前他们已被居委会告知不得随便向外人“乱说”），并进而通过与一家人的交谈“顺手牵羊”，遇到了从现场逃出的幸存者——这户人家的女儿（女婿已在大火中遇难），得以基本还原火灾现场的状况，最后还获得了根据地方政府的安排、他们当天下午即将去殡仪馆辨认亲属的重要信息，进而在获得遇难者家属充分信任的基础上，我得以乔装“遇难者家属”[详见“浑水摸鱼”（第二十计）]一举挺进到殡仪馆的停尸间一一核对死者人数。

（实战案例见第七计“无中生有”中的实战案例）

第十三计

新闻三十六计

打草惊蛇

打草别惊蛇，看似无解实有解

打草惊蛇

第十三计

原文

疑以叩实，察而后动，复者，阴之媒也。

直译

发现了疑点就应当考实查究清楚。即反复去考实查究，而后采取相应的行动，这是发现隐藏之敌的重要手段。

运用关键点

此计的原意（字面意思）是『打草才能惊出蛇来』，后世在运用『打草惊蛇』时实际上已经引申出与原意完全相反的意思，即『打草不慎，惊出了蛇』，因为不够谨慎引起对方的察觉。

在新闻采访，特别是大量以暗访为主要手段的调查性采访中，对这一计谋的实际运用要达到的效果既不是通过『打草』去『惊出蛇来』，更不能早早地『打草惊出了蛇』，而是要在悄悄的新闻采访中实现『打草别惊蛇』的境界，即不动声色地悄悄完成暗访的任务。而要达到这种境界，必须对采访的次序安排作周密的统筹，切忌莽撞、贸然行事，导致打草惊蛇，满盘皆输。其中一个行之有效的策略和原则就是『远交近攻』。这是这两条计谋之间内在的逻辑联系。

实战案例（一）

《中国青年报》 2004/8/4

《赌场里的官场失意者部落》

采访手记

打草别惊蛇，看似无解实有解

2004 年 7 月底的一天，根据报社的指令，我带着非常有限的线索，孤身一人来到湖北省罗田县，采访因赌博而被处理的县委副书记一案。

可以想象的是，这个县委主要领导赌博输掉几千万的案子在这个大别山区的不大的县城，是会尽人皆知的。特别是在最了解情况的县城的高层，不会没有人不知道。但人人知道，绝不等于采访就容易了，情况恰恰相反：一个外人，谁哪怕是打听这个事情，都会立即被回避或引起怀疑，立马就会暴露。

但现实是“不入虎穴、焉得虎子”，不接触到这个地方的高层，就不会得到最准确的案件的细节，报道就只能捕风捉影，甚至不了了之。一句话，“草”必须打，不可回避，但千万不能“惊蛇”！

但这个地方高层到底怎么个“碰”法？一不小心就是随时可引爆的“地雷”，不仅采访会终止，还会惹来很多无法摆脱的麻烦。

这就是一种最典型的“打草别惊蛇”看似无解的两难情境。最终，我用“远交近攻”的策略（详见第二十三计“远交近攻”采访手记《“赌博书记”案件的采访次序，长考了一天》），通过事先的约定，利用周六无人上班时间，在四处无人的办公室悄悄对县政协一位副主席的成功采访，获得了案件的诸多生动细节和大致的来龙去脉，并获取了下一步继续寻找“赌博书记”本人的重要线索。这次采访，成功地打了“草”——接触到了县里的高层知情者，对事先掌握的碎片化的线索找到了更完整的组合和链接，更实现了“打草不惊蛇”的目的，因为这位处于县城权力核心边缘的官员，面对记者终于好不容易有吐槽的机会后，绝不想再让任何人知道他悄悄接受记者采访的事情。

2004年8月4日

《“赌博书记”的咏叹调》专题

赌场里的官场失意者部落

本报记者 / 黄勇　从玉华

记者在采访中发现，罗田干部集体赌博案中涉及的官员都曾有“优秀”的一面。他们年纪很轻时就已显露才华，群众反响好，同级干部中口碑佳。值得关注的是，罗田的涉赌干部们向人们呈现的是“集体灰色”，无一例外都是从“官场失意”开始，到“心态失衡”，最后到“赌场消愁”。

在郑德田一案中被处分的几名副县级干部，除1名10年没有被提拔的法院院长外，几乎全是人们心目中所谓的“虚职”——政法委书记、政协副主席、副县级调研员、县人大常委会副主任，还有很多曾因赌博被处分、在当地干部圈子里人人皆知的这局那局的科长、局长。一位在基层当过副镇长的县农机局干部说，从镇上调回县城时，就因为没有“走路子”，他到了农机局。“这个局实际上早就垮了，工资都发不出，还干什么活？只有打牌了。”

罗田县另一位“赌官”向记者述说：“要说我想当官，想上去，是真的。当年为了地方建设，我两次听从组织安排，最终放弃上全国重点大学的机会。我最不能忍受的是我工作中干出成绩，群众呼声高，干部们也推荐，按照组织原则正常选举也肯定能提拔，可是某些领导一手遮天，硬把我挡住。”

这位官员还说：“我最忘不掉的是，1993年县委全委会上，我当着县委

本报记者独家对话湖北省原罗田县委常委、政法委书记郑德田——

“赌博书记”的咏叹调

贫困县走俏顶级麻将

赌场里的官场失意者部落

一位主要领导的面，将没有我的名字的县委常委的选票扔在他的面前，说‘这不就是你要的结果吗’，随后扬长而去。本来，按照选举县委委员的票数，我排在前三位，而且已被县委委员们提名为常委、宣传部长候选人。县党代会结束后，按规定，本该紧接着召开县委全委会，可会议时间却被人为推迟了。县委几名主要领导来到每个委员的房间做工作，要求他们推选两名在县委委员选举中没有过半数的科级干部为常委候选人。工作从下午 3 点一直做到晚上 9 点。当晚 9 时 30 分，那个严重违规的县委全委会终于召开了，结果我得了 12 票，另外两名县领导做了工作的候选人 14 票。本该属于我的位置就这样被夺走了。”

这位官员说：“1993 年是我整个仕途的转折点。从那时起，原本爱下棋的我开始打牌赌博。后来，我在一个局当正职局长，那也是我的老本行，我干得很出色，拿回了罗田县多少年久违的全国先进。在有关领导的直接干预下，县里开始考虑补偿我副县级的位置。我本来以为终于能熬出头了，没想到不善钻营的我，最终得到的是政协副主席的‘虚职’。那年我才 48 岁，也是我对当官、对扎扎实实做事这一问题彻底死心的时候。当然，和我一同进政协的，还有一位 39 岁的年轻同志。和他比，我心里又好过些。我们经常在一起打牌，都是有类似经历的人，大家经常自嘲是‘失意者部落’。”

第十四计

新闻三十六计

借尸还魂

让不幸在事故中遇难的人成为“活证据”

借尸还魂

第十四计

原文

有用者不可借；不能用者，求借，借不能用者而用之。匪我求童蒙，童蒙求我。

直译

世间许多看上去很有用处的东西，往往不容易去驾驭而为己用；有些看上去没有用的东西，往往还可以借助它们而为自己发挥作用，如及时加以利用，可化不利为有利，乃至转败为胜。

意思就是已经死亡的东西，又借助某种形式得以复活。

运用关键点

在自己处于明显被动和对核心事实不甚了了的情况下，要善于利用看上去已经『无用』的因素，扭转局势，争取主动，以实现目的。

实战案例（一）

《中国青年报》 2004/6/01

《井喷：晓阳村的追问》

采|访|手|记

让不幸在事故中遇难的人成为“活证据”

2004 年 5 月，重庆的天气已比较炎热。我接到报社为 63 周年报庆特地策划的专刊的采访任务后，在重庆的同事田文生的策应下，一个人悄悄地来到了事故发生的核心地带——在这次突发事故中遇难人数最多的开县高桥镇晓阳村。

重庆开县井喷事件作为一起人员伤亡较为巨大的突发事故，长久地留在人们的记忆里。表面看起来，最能为采访提供一手证据的人都不幸遇难了。其中包括那些直接中毒而死的老老少少村民，还有那些知道危险本可以逃命，但却坚决“逆行”救人而献出生命的可敬的人。

采访的难度是不言而喻的。一是这个地方对记者来说完全是陌生的，重庆地方的口音辨识度极高，我只要一张嘴，一口还算标准的江淮普通话，立马会暴露身份；二是这些人已经不能开口，很多真相只能是人走灯灭，一切消失于无形。

为了提高采访效率，我用每天 300 元的高价（2004 年的时候，这个价格对地方拉客的摩托手有足够大的诱惑力！）雇用了一个当地的摩托手，而且跟他说好至少用两天。摩托手就这样迅速成为我的“同伙”。

我通过摩托手接触到的老乡，很快也成为我采访的“同道”。我在老乡面前第一时间拿出我的证件，让他们仔细辨认，确认我的身份靠谱，再把我的目的和盘托出：就是要了解事发之后基层干部们都干了什么。这样很快第一时间和几位老乡有了深度的“共情”，我当然不会忘了第一时间叮嘱他们，大家约定好：如果采访中被地方干部遇到，就说是从重庆市里来的亲戚！

在这样营造的环境的保护下，我高效率地用整整两天时间骑着摩托在山乡之间奔走，走访了 20 多位当事人，最后一关，我按照严肃采访的要求，和乡镇干部们装着若无其事地直接接触了一把，对这一特大事故发生后一直持续到第二天的数十小时内，乡镇干部只顾自己逃命，不管大多数普通群众死活的渎职状态，用诸多细节做了较为完整的还原，从而完成了这一次悲愤的追问。通过采访一一认定这些人身份的共同点——都是所谓的“普通老百姓”之后，这些不幸的死者对还原事件真相的价值就一下子凸显——所谓的“借尸还魂”的功效终于显现。

正是对这些人身份的考证，让人们得以通过铁的事实看清楚：地方的一些基层干部只顾着自己和家里人逃命，没有把普通老百姓的性命放在心上。由此引发的对事故损失为何如此之大的追问，就具有无可辩驳的力度——是不期而遇的天灾的作孽，但也有不可辩驳的“人祸”的成分。这样的追问才有了一种振聋发聩的力度。从灾难报道的整个过程来看，也只有这样的一个补充，才算能对灾难有较为彻底的反思，并以此告慰那些无辜的死难者。

2004 年 6 月 01 日

独家追问

井喷：晓阳村的追问

本报记者 / 黄勇　田文生

晓阳村现在进行时

井喷并导致 243 人死亡后，那口闻名天下的天然气井会不会重新钻探？

5 月 11 日，记者刚走进重庆开县高桥镇晓阳村，就听说这个消息正在村民中口口相传，这让村民们寝食难安。56 岁的周绪田（音）忧心忡忡地说："听说他们又要排头（方言，意为开始）了。"

记者多方求证，此消息并未得到明确证实。但从逻辑上推测，一切似乎又并非没有可能。

开县是个资源大县，已探明的矿藏有 24 种，开发利用 14 种。天然气已探明储量 1100 亿立方米，属国家大气田之一，已开采利用 15 口高产气井。

晓阳村村支书周克安说，当地人都知道，井喷的"罗家 16 号"天然气井属于三高井，即产量高、质量高、硫化氢比例高。换个角度看，一口质量高、产量高的天然气井，也就意味着财富，从常理上推导，无论是谁，会放弃吗？

更何况，此前有报道说，专家称，压井后的这个矿井还能生产天然气，但是由于井底气压高，开采难度会大一些。

另一则消息则聚集了几乎全体村民的关注：6 名已被逮捕的事故责任人将

在近期开庭审理。

因发生井喷事故而一夜成名的晓阳村，如今是什么模样？人们对即将到来的庭审有何见解？记者再度探访了这个悬念丛生的村庄，对事故突发后相当一段时间缺少应急措施产生的“真空”状态进行了追问。

■追问一：怎么没人告诉村民冲出来的是毒气

5 月 14 日。村民廖代华（音）正在修建新房，外墙上贴满了瓷砖，正中有着双龙腾飞的图案。他以前的房子正对着井口，被井喷后点火时的巨大火焰烧得面目全非，“瓦被烧焦了，成了炭，门窗都被烧没了，猪羊都被烧得蜷成一团，根本就看不出是什么东西”。

正午，村民正在抽着烟，聊着对面那个离他们的直线距离不超过 200 米的井口。他们比画着向记者描述说，井喷发生之前，他们见到一道火光冲天而起，但马上熄灭了。不久，又出现一道火光，地面随即发生巨大的震动，让大伙的房屋窗户都哗啦啦直响。“开始，有人以为发生了地震，但更多的人以为这是工地上在放烟花，感觉很好玩，百十号老老少少都跑过去看把戏——大家全被逗乐了——跑过去一看，那些工人的脸上满是黑乎乎的泥浆，只剩下两个眼珠子骨碌碌直转。”“大家围观时，矿井队的人只是叫我们赶紧走，不要围在那里看，可没有一个人告诉我们冲出来的气体有毒！其实，只要一个工人说一声，我们都会赶紧跑。谁会连命都不要了，明知道还往毒气里跑呀？”

少说的这句话，促成事故最终酿成了一场人类历史上罕见的天然气井喷导致的巨大灾难。

不少人被赶离井口后，回到家继续睡觉。直到后来，地面震动得非常厉害，浓郁的、令人恶心头晕的臭鸡蛋味道传来，大家才赶紧转移。其中，有几十个人一路狂奔到晓阳私立小学（那里事实上已经比较安全了。——记者注）并停下来睡觉、聊天或烤火时，因为看见地面不再剧烈震动、井口处也没有发生他们意想中必然会发生的爆炸（他们当时并不知道喷出的气体有剧毒，外逃的原因只是担心发生地震或井口爆炸。——记者注），于是放心地回家去拿钱。但这一返回，便再也没能出来。

廖军安夫妇、原 3 社社长张继明夫妇等人便这样死去了。因这种情况死亡的人，村民们还能列举出一大串名单。“如果当时工人说一声，他们怎么会做冤枉鬼呀？”

周克安已经当了近 20 年的村支书。这位在事发后赶回村里通知乡亲们并在此后一直参与遗体清理的老支书说：“即使他们当时没有告诉村民那气体是剧毒的，大家没有去逃命，也不要紧。只要在事发后及时点火，同样死不了几个人。”

事发当时，周正在高桥镇镇上，听说发生事故后，他赶紧返回村里，边走边叫人，直到最后，他感觉气味太重，呼吸都有困难，凭直觉认为不能再待，才不得不赶紧撤离。此时，距井喷发生已有 4 个多小时。“我当时先后叫了 40 多人，其中只有一个人死亡。那是一个老太太，那天到女儿家吃饭，她和一个小孩睡在一张床上。我去叫时，发现老太太蜷曲着，右脚搭在床沿上，可叫了没应；而孩子应声了。后来，我去清理尸体时，发现这个老太太还在床上躺着，姿势和当时我叫她时一模一样。但除了她，其他的人都还活着。这时离井喷发生已有几个小时，如果那时点火，不就死不了几个人？”

他从另一个角度分析说，事故发生后，距井口最近的几个社，如 1 社、8 社和 11 社，反而死亡的人很少，他们都有足够的时间跑出去了。而最后死亡人口最多的 2、3、5 社（3 个社就死了约 150 人。——记者注）与井口的距离比前 3 个社更远，只是因为没有得到消息而待在家里，而他们的死亡和井喷发生的时间之间，有着很大的时间跨度，“我估计，如果在事故发生 4 小时之内点火，最多只有几个村民死亡”。

■追问二：平时催款用电视公告，井喷时，怎么没用

今年 4 月的一天，那场夺去 200 多人生命的特大井喷事故过去已近半年之久。在事故中死掉 177 人、付出最惨重代价的，是重庆市开县高桥镇晓阳村。

当看到镇有关部门在有线电视上打出催要收视费的公告时，晓阳村第五村民小组村民谭祖科心中突然涌上一股无法排遣的怒火。他当即将电话打到镇里负责有线电视的部门：“你们平时催要欠款、催要税费的时候，就知道通过电视公告，一遍遍打字幕，井喷那天晚上，你们在干什么？你们很快知道毒气有危险，为什么不及时通知山里的老百姓？”那位负责人接到电话先是一愣，很快却又没好气地回答：“在睡觉。”

井喷发生时，37 岁的谭祖科和妻子正在大连打工，幸免于难。谭祖科家族中被井喷事故夺去了 8 条人命，其中包括自家 3 个年龄只有 12 岁、10 岁、9 岁的孩子。4 月 25 日，正在村头干活的谭祖科看到前来采访的记者，很快停下了手中的活计。

他说，事故发生后，曾有地方干部说农村睡得早，很多人在睡梦中死去，喊也喊不醒。实际上不是这回事。事故发生时，真正睡觉的只有少数人家，很多村民在家里干活、休息，更多的人在看电视，不少村民在听到巨大的井喷声，还跑到房子附近的山头上看热闹。

另一村民张明军告诉记者，尽管在晓阳村 400 多户人家，装了电话的不足 20 家，可电视却早已家家都有。但灾难来临时，平时用来催款和布置农活都很管用的电视，成了摆设。

晓阳村一位因住在井口附近而听到消息赶快逃跑的廖姓村民向记者证实，他在逃跑途中经过同村的廖代书家门口时，看到屋内灯火通明，一家人围坐在电视机前看电视。他曾劝他家人快跑，但廖代书回答：看看镇上有没有电视通告，不要乱跑。结果是，一直在家里等候着有什么通知的廖代书一家 6 口人死于非命。

4 月 24 日上午，晓阳村村民将前来暗访的记者围住，他们共同表达的困惑是：事故发生后，镇政府组织住在周围的群众撤离是可以理解的，但晓阳村、平乐村这些距离井口最近、最危险的地方，为什么在救援中反而被放到了后面？

■追问三：是否接到通知逃命的电话

开县高桥镇政府的一位工作人员接受记者采访时称，尽管事故发生后相关人员全力以赴，但由于缺乏准备预案和必要的设备，加上当时整个村庄陷入了混乱状态，很难做到整体有序地撤退。

有些在家里面等候通知的，没有电话，难以联系；有些家里有电话的，却已中毒身亡，或者已贸然离家，也无法通知。

开县井喷事件的审判现场，被告人坐了一排

另一位镇干部则说，（去年 12 月 23 日）21 时 55 分，罗家 16H 井发生井喷。高桥镇的行动速度并不慢，他们在 10 分钟之内，首先让镇办公室给各村打电话，要求各村通知到各村民小组，再通知各户，要把每个人都喊起来，赶快跑！同时要镇里各机关通知自己机关的干部跑。

但实际情况如何呢？

村民们反映，一个最致命的问题是：电话根本没有通知到各户。

今年 59 岁的晓阳村第二村民小组村民丁维珍在去年事发后的第三天和今年 4 月两次在医院接受本报记者采访。在事故中，丁维珍刚退休的老伴、孙子、大儿子和儿媳全部遇难。

因为老伴是粮食系统的老职工，丁维珍的家境稍好，是小组中仅有的三个装电话的家庭之一。但遗憾的是，从事故发生当晚开始，就没有任何人打电话通知他们逃离，尽管她家距离马路很近，尽管生命力顽强的她并不像一些干部在接受记者采访时宣称的“已经中毒身亡”。

事故发生后的第二天早晨（去年 12 月 24 日）7 点多钟，丁维珍早起到儿子家，发现儿子、儿媳已死去，并闻到空气中的异味。于是，老两口拉上同住的9岁小孙子开始外逃。但因为一夜时间扩散积聚的毒气浓度已经很大，最佳逃离时间早已过去，丁维珍只有眼睁睁地看着老伴和孙子先后在当天中午、晚上痛苦地死在逃难的路上。

丁维珍从路边拾了些杂草，将两人的遗体拉到一起草草盖上，再自己逃命。直到去年12月25日上午，实质性的大规模搜救开始，双眼已经高度水肿、根本看不见任何东西的丁维珍才被搜救队伍发现，捡回了一条命。身心都受到强烈刺激和打击的丁维珍，至今躺在医院的病床上，整日头痛欲裂，无法安神。

丁维珍说，如果当时有人及时电话通知，不仅身体健壮的老伴和孙子可以逃脱，住在不远处的儿子、儿媳和其他邻居，也能及时知道。他们的命，就可以保住了。

晓阳村第六村民小组的张士英至今一谈起事故就泪流满面，原因不用解释——事故中，她的娘家一共死了19口，其中包括她的父母。

今年25岁的张士英说，她记得非常清楚，事故发生后的第二天早上7点左右，她接到亲戚打来的电话，说村子里矿井发生事故，放出的气有毒，得赶快走。后来，她和丈夫迅速去找住在同村的父母，但已经晚了，家里横七竖八匍匐着的全是尸体！他俩只好忍着巨大的悲痛，赶快逃走。她奇怪的是，事故发生那么长时间，村镇的干部们为什么不能打个电话？就算能救回一个人的命，心里也好受一些啊！

记者在晓阳村第二、第三、第五村民小组家里装有电话的4户村民家中得到的是相同的答案：事故发生后，他们没有接到赶快逃跑的电话通知！

■追问四：为什么挺身而出的都是群众

采访中可以证实的是，镇领导和镇机关干部们的确在毒气大规模弥散之前就跑到了距离事发现场7公里之外的安全地带，而不是一些媒体报道的“在现场组织和讨论救援方案”。死去的人中，没有一个镇村干部。只有一位晓阳村村支书周克安的老伴和他的孙女遗憾地死去，因为周克安本人当晚住在镇上，来不及通知导致。其他都是最普通的、没有得到任何信息的村民。

离井喷口距离最近但却无法知道毒气危害的众多晓阳村村民，要么根本不知情，要么在闻到令人窒息的气味后逃跑。由于许多村民家里关着门窗，天然地对毒气有一定的抵御，事发第三天早上（去年 12 月 25 日）才开始的大规模搜救依然救出了 18 个幸存者。人们不禁要问，如果早一点通知，早一点采取行动，会死掉那么多人吗?

耐人寻味的是，在老百姓可以回忆的，甚至一些媒体报道的深入第一线通知、救助受灾村民的“英雄”们，除了晓阳村村支部书记周克安一人，再也找不到其他村镇干部的踪影。

事发当晚在村外干活的晓阳村民廖百武告诉记者，他在第二天一大早（去年 12 月 24 日）返回家中时，发现妻子已经死了。村里很多村民家里敲门都没有声音。他就赶紧跑到不足 1 公里以外的镇上，但镇政府此时已无一人。

高桥镇初中代课教师谭世明，当灾难袭来时，首先将电话打给学校领导，通知井喷灾情，让赶快组织学生转移。随后，他骑着摩托车四处呼喊乡亲们撤离，终被毒气熏倒。搜救人员找到谭世明的遗体时，他一手用毛巾捂着鼻子，一手拿着手机。手机里还有一个没来得及拨出的通知转移的号码。

家住高桥镇晓阳村 6 社的 16 岁少年廖平安，刚上初中三年级，2003 年 12 月 24 日凌晨 5 点多钟，他与父母本已脱离危险，但为了搜寻邻居家小孩，又毅然回到危险区，不幸被毒气夺去了年轻的生命。

事发当晚，村民张世亮挨家挨户地敲门叫喊，用摩托车将老人小孩一趟一趟地送出来。到第二天凌晨，先后有 30 多名乡亲因他的帮助死里逃生。

开县一位机关干部在接受记者采访中曾说：“这些普通的名字值得牢记！要不是这些默默无闻的群众，事故的伤亡还会增加。”

此言甚是。但需要补充的是：我们同样不能轻易忘记，那些在关键时候没有把最需要救助的普通群众放在心上的人。

■追问五：如果再发生这类事故……

今年 1 月，当川东石油钻探公司副经理吴华、钻井队队长吴斌、录井工肖先素、矿井现场组负责人王建东、技术员宋涛、副司钻向一明等 6 人被正式逮捕的消息传到晓阳村时，引起了村民的震动。

记者从位于重庆市万州区的重庆市第二中级人民法院获悉，最近，这些人将被提起公诉，在该法院开庭审判。对于这则消息，村民并没有意想中的激动，记者先后采访了近 10 人，没有 1 个人说过激的话。他们说："就算处死又怎么样呢？死去的人还是不能复生。"

村支书周克安在事故中失去了老伴和孙女。他的话代表了多数人的意思，"依我看，这件事得话分两头说。一方面，已经认定是一起责任事故，造成我们村 164 人死亡，86 个单独立户的家庭遭受了失去亲人的痛苦。他们（矿井方面的人）事先没有宣传，事发后的处理也不正确，应当受到最严厉的惩罚。但是，他们也不是故意的。所以，不能仅仅从仇恨的角度看问题，应该按照国家的法律，该怎么判决就怎么判决。"

周克安认为，这个案子如果不处理或者处理过轻，就起不到警醒世人的作用，审判结果应该能起到让其他人重视安全生产、意识到人命关天的作用。

在这层意义上讲，他们更为关注出事后的矿井会不会再次开工，关注如果开工，如何确保村民生命安全。

"国家搞建设，老百姓是支持的。"周绪田说："我们有个要求，不知道能不能实现。首先，能不能安装个高音喇叭，出事了叫大伙儿一声？其次，挖井时，能不能划出一个范围，500 米或者多远范围内的人，适当给大家一点补助，先转移到别的地方去。这样，井上可以安心地挖，确信工程没有问题了，大家再搬回来。大家实在是被吓怕了，老头子死了倒不要紧，那些小娃娃死了，真可惜！"

第十五计

新闻三十六计

调虎离山

兜了一圈又回头的“奥妙”

调虎离山

第十五计

原文

待天以困之，用人以诱之，往蹇来反。

直译

（作战时）我方等待天然的条件或情况对敌方不利时，再去围困他。用人为的假象去诱惑敌人，使敌人就范。假如向敌方发起进攻有困难，那就设法让敌方反过来攻击对我们有利的区域。

运用关键点

在调查性报道的采访中，往往就是一个知道真相的人一夫当关，不愿透露有用的信息，使得整个采访卡壳，无法前进。因此采访者要善于察言观色，判断形势，设法把阻碍真相暴露的人（所谓的『虎』）调动开，或巧妙避开，从而顺利地推进采访的深入。

实战案例㈠

《中国青年报》 2004/7/12

《国务院调查组离开之后》

采访手记

兜了一圈又回头的“奥妙”

很多时候的调查性采访，一个小卡壳，就会让你的整个采访停顿下来，甚至中断。2004 年 7 月 9 日的上午，安徽阜阳。一个闷热难挡的日子。我们一行从阜阳下辖的太和县中医院的现场采访完为大头娃娃们忧心的家长，怀着十分沉重的心情，一路追踪来到太和县卫生局，走进设在卫生局二楼的所谓“太和县专家组办公室”，接待我们的办公室具体经办人鲍绍刚听说我们媒体记者的身份，意外地又是招呼喝茶，又是招呼坐下，很热情地接待我们。

但没有想到的是，他刚说完“具体情况我了解，因为具体都是我经办”，话音未落，一个负责人模样的人走进来，装得一脸严肃，听说我们的来意，马上就是一副“无可奉告”的姿态，语气十分不容商量，“具体情况我们不了解，你们去别的地方”。他的话音未落，我偷偷瞄了一眼刚才很热情的鲍绍刚，他脸朝外面，给我使了个眼色。

我立即心领神会，立马体面离开，不仅走出办公室，还走下二楼，躲在一楼的墙角处，做出一副已经远离的样子。这个调查的节骨眼上，如果真走了，整个调查的事实链条上就会缺失很重要的一环——几个部门之间到底是如何互相推诿的?

当然不能甘心就此结束。更何况刚才鲍绍刚那个善意的眼色已经在暗示我们先避一避。足足躲了 20 分钟。我们又重新走上二楼，飞快地从专家组办公室门口一闪而过，令人大悦的是，这一闪之间我们瞥见刚才那个负责人已经离开。我们迅速重新走进办公室。

鲍绍刚却告诉记者:“从未组织过对患儿悦悦的会诊，至少负责会诊日常事务的我本人不知道此事。”

这是一句现在看起来似乎很平常的话，但看了上面的这段采访手记，会知道实际上却得来不易。当时处于奶粉事件风暴中心的太和县卫生局专家组办公室负责人，面对记者只是一句“不知道具体情况”，这对整体稿件作出“主管部门之间是否互相推诿及到底恶劣到何种程度”的判断来说，是个致命的障碍，顶多我们只能笼统地说“有关部门在推诿此事”，这与“所有主管部门已经形成一个完整的推诿的链条而且对患儿十分冷漠”的事实，相差太大，对稿件最终的“乱象”的判断和结论，都是硬伤。

好在我们用“调虎离山”的小技巧，在那个“虎”短暂离开的一个很小的时间间隙里，得到了很重磅的素材，尽管看起来素材的量并不大，但分量和成色却足够了。而作为一个普通干部的鲍绍刚，尽管此后一直也未曾谋面，但我们一直心存敬佩。因为他的善良和正直。

稿件刊发后的当天清晨，中央人民广播电台黄金时段的 6 点 30 分《新闻和报纸摘要》第一时间作了摘播，早晨在晨练的时任安徽省省长王金山同志听完后震怒，当天上午即指示相关部门彻查此事，尽快纠正乱象。稿件也迅速被全国多家媒体转载，成为整个阜阳奶粉事件报道后期的一个新的热点。

2004年7月12日

国务院调查组离开之后

——本报独家调查阜阳奶粉事件善后乱象

本报记者 / 黄勇 通讯员 / 靳生

调查组一走，免费治疗就停了

去年10月出生的悦悦让她年轻的父母伤透了脑筋。悦悦的父母都是安徽省阜阳市太和县桑营镇宋寨村的农民。悦悦出生后不久，因母亲奶水少，就吃了后来被列上黑名单的“阳光贝贝”奶粉（经权威部门检测蛋白质含量仅为2.13%）。今年以来，悦悦开始陆续出现面部浮肿、咳嗽、发热等症状，在乡镇卫生院治疗效果不佳。

今年4月25日，悦悦的父母在电视上看到国务院调查组到阜阳调查劣质奶粉的消息。他们看看自己的孩子，面部浮肿，手和脚却还和出生时没有什么两样，在床上坐都坐不稳。他们预感到不妙，就带着孩子来到太和县中医院。4月25日当天，悦悦幸运地被医院收治免费治疗，但没想到，4月27日，国务院调查组一离开太和县，“免费午餐”立即中断，太和县中医院宣布停止对悦悦的免费治疗，理由是她不符合免费治疗的条件。

悦悦的父母没有多少经济来源，无奈之下，只好带着悦悦离开医院。在一名亲属的指点下，他们来到阜阳市人民医院儿科门诊。一位姓李的儿科医生诊断悦悦为“营养不良综合征”，建议到当地医院治疗。4月27日，悦悦的父

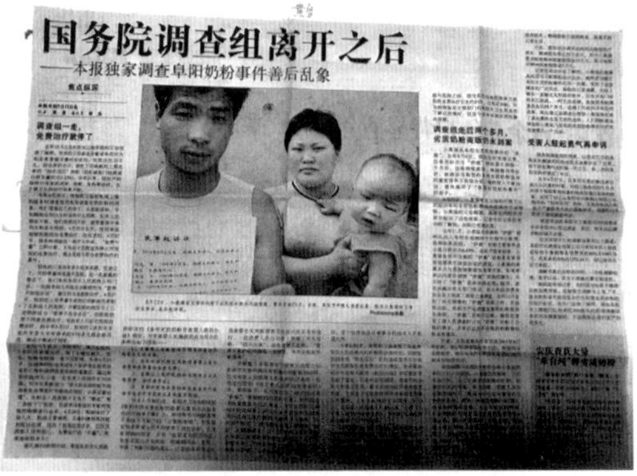
国务院调查组离开之后
——本报独家调查阜阳奶粉事件善后乱象

母带着市医院的诊断病历来到了太和县人民医院。尽管医院的病历卡上已注明悦悦为“营养不良综合征”，但医院依然不同意免费治疗。悦悦家人只好在医院自费治疗。到今年5月2日，悦悦的父亲和爷爷在外辛苦大半年挣来的4700多元钱全部花完，被迫中断治疗回家。

此后一个多月，悦悦在村、镇卫生院和小诊所将就着治疗，除了头越长越大，发热、咳嗽等病情一直不见好转。今年6月23日，全国律师协会未成年人保护专业委员会委员孔维钊律师获悉悦悦的遭遇后，通过阜阳市政府办公室一位负责人找到市长刘庆强。刘市长果断批示“请太和县政府按市政府有关免费医疗和救助的规定，认真妥善处理”。太和县人民医院才在当天“被迫”第二次收下了悦悦，但依然没有组织专家对悦悦的病情进行会诊。6月28日，刚刚治疗了没几天，医院又要停药，孔维钊律师再次赶到现场协调，医院才勉强收回成命，但悦悦的家人依然担心，免费治疗的“午餐”，究竟能保持多久？

据孔维钊律师介绍，根据阜阳市人民政府印发的《食用劣质奶粉受害婴儿救助办法》规定，对受害婴儿实施救助应当符合的条件为如下四条——

1. 受害婴儿家庭在本市购买劣质奶粉的有关证明材料；

2. 法定检验机构出具的受害婴儿食用劣质奶粉质量检验报告单；

3. 县级以上医疗机构的住院病历以及医药费、治疗费凭证；

4. 阜阳市使用劣质奶粉所致营养不良综合征治疗专家组出具的鉴定结论。

但令人不解的是，阜阳市卫生局制定的《阜阳市因劣质奶粉所致婴儿营养不良综合征诊疗指导方案》上，却没有作为判断营养不良综合征不可缺少的“正常标准值”。对实验室检查数据如何支持营养不良的诊断，也没有明确的规定，只有“血浆蛋白明显降低、免疫或蛋白多有减低”等模糊说法，客观上导致了判断标准的混乱。记者在阜阳市卫生局索要有关判断营养不良症状的正常标准时，一位负责人在办公桌上倒腾了半天后称，“找不出来”。这位负责人还称，“营养不良的症状都是一次性的，本来诊断起来就很难”。

尽管整个阜阳市关于营养不良综合征的诊疗方案中都没有明确的判断数据说明，但太和县人民医院儿科提供给记者的一份经过打印的《关于患儿悦悦的病情说明》中，却列举了一系列他们自己确定的所谓“标准”。根据他们列举的标准，悦悦的各项检查数据均为正常值。这份说明中还称相关检查结果已请示该县劣质奶粉导致营养不良患儿医疗救治专家组（下简称“太和县专家组”）成员医生范某。所谓的“会诊”也就是范某一人。记者随后来到设在太和县卫生局的县专家组办公室。负责专家组日常工作的太和县卫生局干部鲍绍刚却告诉记者：“从未组织过对患儿悦悦的会诊，至少负责会诊日常事务的我本人不知道此事。”

今年 5 月 2 日，悦悦的父亲来到了设在阜阳市人民政府内的奶粉投诉接待处，反映悦悦因食用“阳光贝贝”奶粉造成营养不良症状但医院却拒绝免费治疗的情况。投诉接待处并未按照市政府《救助办法》中的规定首先给予鉴定，而是将皮球踢回，将案件转办给太和县卫生局，要求其按市政府有关规定办理。太和县卫生局继续将皮球踢给太和县人民医院。太和县人民医院的反应很快，5 月 3 日，太和县人民医院儿科就出具了上述《关于患儿悦悦的病情说明》，将悦悦父亲的投诉之路堵了个严严实实。

记者在采访中还了解到，在阜阳市太和县和阜南县等地农村，至今还有一些食用了被列入黑名单的劣质奶粉的患儿，因为无法得到鉴定的机会，依然在家中治疗，得不到政府的免费救治。而已经入院治疗的患儿家庭与医院之间，因为阜阳当地医院单方面拒绝免费治疗引发的纠纷，已有近 10 起。作为病情鉴定主管部门的阜阳市卫生局虽然了解这些情况，但至今没有采取实质性解决措施。

调查组走后两个多月，劣质奶粉商贩仍未到案

小奥强是阜阳劣质奶粉事件的“英雄”。去年 8 月 6 日，他出生时发育正常，但食用标注为“伊鹿”牌的婴儿奶粉一个月后，出现持续高热、伴随腹泻等症状，被确诊为典型的食用劣质奶粉造成的重度营养不良综合征。他的家人不断投诉，最终揭开了“阜阳劣质奶粉事件”的盖子。

6月23日，小奥强在其父母的代理下正式起诉阜阳劣质奶粉事件中的部分不法商贩。小奥强的父母韩某、高某也同时作为原告起诉了这些商贩。记者今天从阜阳市中院了解到：法院已受理此案。

去年11月，小奥强的亲属将“伊鹿”牌样品送入阜阳市疾病防治控制中心检测。检测结果表明，“伊鹿”奶粉主要营养成分蛋白质仅为6.69%，远低于国家标准。小奥强食用不合格的“伊鹿”奶粉是直接导致他营养不良综合征的原因。小奥强的亲属多次与直接销售商张某等交涉，张某等承认向原告销售“伊鹿”奶粉的事实，并交代了“伊鹿”奶粉的供应商。随后，原告亲属向有关部门投诉，经太和县消费者协会及太和县工商局立案调查，去年12月查封了尚在销售的“伊鹿”奶粉三件，并抽样送检。阜阳市产品质量监督所的检验报告表明，“伊鹿”奶粉不合格。被告在接受工商人员调查时认可“伊鹿”奶粉不合格的事实，并承认这些不合格奶粉销售给张某等被告。

经查，太和县食品经营部是2001年8月开办的，登记经营者是被告刘洁。根据有关法律规定，被告高某作为刘洁的配偶应该共同承担赔偿责任。

被告销售不合格奶粉的行为给小奥强带来巨大的人身损害。小奥强治疗期间，只在头部扎针，头上布满密密麻麻的针眼，好像拔光毛的鸡翅，惨不忍睹。医院几次发出病危通知书，微弱幼小的生命曾走在生和死的边缘。原告小奥强是襁褓中的婴儿，尚没有愤慨的表情，也没有控诉的声音，只能默默忍受因食用不合格奶粉带来的一切后果。智力发育障碍、体弱多病、身材矮小等对原告小奥强以后的健康、读书、就业、婚姻将带来巨大的生理和心理的创伤。同时，小奥强因食用不合格的奶粉所遭受的巨大损害，也给其家庭带来巨大的经济损失及精神损害。原告韩某、高某所受到的经济损失、精神损害已迫使韩某、高某不能正常生活。

为此，原告诉讼请求法院判决赔偿医疗损失、精神损失等近25万余元，其中小奥强要求赔偿精神损害赔偿金15万元，其父母要求精神损害赔偿金5

万元。

记者在采访中还了解到，小奥强的舅舅高政因为不断帮助他讨说法，最终成为揭开阜阳劣质奶粉事件的另一英雄，受到了全国媒体的广泛关注。高政向记者透露，实际上被告一直躲在太和县的家中，但有关部门却称其已脱逃，一时无法追捕，致使国务院调查组走后两个多月，追捕工作依然没有任何进展。现在通过法律途径帮助小奥强维权成了原告最终也是无奈的选择。人们期盼着法律会给小奥强乃至阜阳劣质奶粉事件中所有受害婴儿一个说法。

受害人鼓起勇气再申诉

国务院调查组的到来，让老实巴交的阜南县张寨镇农民杨成俊从迷雾中走了出来，终于鼓起勇气在时隔一年之后，第二次向阜阳市政府提出了申诉。

去年 6 月 27 日，在阜阳劣质奶粉远未引起公众注意的时候，对自己抱养的四个月大的孩子杨顺看得较重的杨成俊通过医院的检查，证实了自己从阜阳市兴源酒业有限公司购买的“阳光贝贝”奶粉，正是导致自己的孩子严重营养不良的罪魁祸首，他随即向阜阳市工商局提起申诉。

接到申诉的阜阳市工商局 12315 消费者申诉举报中心经过调查、取证，核实该品牌奶粉的确不合格。

但该举报中心的调解结果却让人困惑：阜阳市兴源酒业有限公司只承担申诉人杨成俊给孩子看病等各项费用的 80%共 5489.76 元，而其余的 20%共 1372.44 元，却让申诉人自己承担。

调解书最后还特别注明：一次性调解处理，签字以后，双方不再就此事互相追究。

杨成俊告诉记者，当时因为给孩子继续治病急需用钱，他勉强在调解书上签了字。国务院和省市政府坚决打击制售劣质奶粉的行动开始后，他专门咨询了律师，得知阜阳市工商部门让他承担 20%损失的所谓调解没有任何法律依据的，不法商贩应受到更严厉的惩处。

第十六计

新闻三十六计

欲擒故纵

在重庆代表团蹲守三次后，我才开口采访

欲擒故纵

第十六计

原文

逼则反兵，走则减势，紧随勿迫。累其气力，消其斗志，散而后擒。兵不血刃。需，有孚光。

直译

紧逼敌人他们就会反击；放跑敌人可以让其气势衰减。紧追敌人但不要逼迫，以消耗敌人的体力，瓦解他们的斗志，等到他们溃不成军时再擒获，这样可以避免无谓的流血牺牲。要善于等待，要有耐心，相机而动，就会取得更大胜利。

运用关键点

在经过观察、判断瞄准一个目标之后（往往就是一个对真相最知情者），要有足够的耐心，等待最好的时机——要么是你和对方已经足够熟悉和信任，对方自然会给你猛料；要么是你已确信对方掌握你所需要的最有价值的情况，而且对方愿意说出来，这个时候再进入真正的采访，就可能会有大收获。

实战案例㈠

《中国青年报》 2004/3/13

《最高人民法院收回死刑核准权》

采访手记

在重庆代表团蹲守三次后，我才开口采访

每每看到一些记者在“两会”这一每年年初中国最大的时政新闻采写现场走马灯式的采访，我从内心很不赞同。因为这样蜻蜓点水式的采访不仅很难得到真正的与“两会”本身的分量相匹配的重磅新闻，而且写出的新闻也很难传递出两会代表、委员们真正的心声，其中肤浅、散乱的“口水”稿，最终给读者留不下深刻的印象，还会使老百姓对两会在中国政治生活中的价值产生不准确的判断。

我个人一次“欲擒故纵”的成功尝试就是 2004 年参加全国人大十届二次会议采访的经历。

我没有像一些记者那样在各个代表团赶场子似的采访。在认真听完重庆代表团整整一个上午的讨论发言后，我注意到了西南政法大学的教授陈忠林代表，第一次的讨论发言是限时的，但他提出的“死刑审核权上收”的问题立即引起了我的注意，人命关天的事情，值得给予最大的关注。当天下午我选择继续蹲守重庆团，果然听到了他对这一问题进一步的介绍，当然由于时间关系，他还是没有说完。

我依然没有急于采访陈忠林老师。第二天，当我第三次出现在重庆代表团的小组讨论旁听席上时，很多人都对我投以像老朋友一般的笑容，大家已经开

始熟悉起来。

当第二天上午的第三场讨论会结束之后，我立即一路小跑，跟在陈忠林老师后面，一直进到他的房间，这时他也对我很眼熟了，我就开门见山地对陈教授说，之所以连续几次来重庆团，就是想听他的发言，因为觉得他的发言最涉及最有价值、最重要的事情，我从陈教授的眼神中捕捉到一种难得的兴奋，甚至可以说是自豪。

随后的采访非常顺畅，得到了很多重磅的素材，连我都有些吃惊。我从陈教授给我的名片上看到，他是国务院学位委员会刑法分会的副主任委员，是这个领域最顶尖的专家，我更加知道三次的蹲守和等待，时间没有白费。

“以逸待劳”主要是以动制动。通过有效的调动，使对方逐步放松警惕。过程中是要保持密切的接触。

“欲擒故纵”主要是以静制动。保持主动进击的姿态，但有意留有空间，不急于撒网。虽然对方意识到你的存在，但过程中故意不保持接触。让对方误以为你没有急迫的要求，实际上真实的心思是揣在内心深处的。

想要捉住他，就故意放开他。在军事上指为了更好地控制敌人，故意放松一步，使之丧失警惕，斗志松懈，再伺机歼灭敌人。我们在具体面对重大问题的采访时，如果急迫地追问逼迫对方第一时间给出问题的全部答案，反而会引发对方的警惕和戒备，使采访反而无法进行下去，甚至很多重大采访因此无功而返。

本质上都是提示面对复杂的大问题的采访，要有等候最佳时机的耐心和诚意。

2004年3月13日

41位人大代表联名建议

最高人民法院收回死刑核准权

本报记者 / 黄勇

在十届人大二次会议上，来自北京和山西代表团的代表提出“死刑核准权应收归最高人民法院”的建议，这个建议得到了41位代表的签名支持。最高人民法院是否应该收回死刑核准权再次引起社会关注。

在3月12日重庆代表团审议“两高”报告的全体会议上，第一个提出“死刑核准权收归最高人民法院”的陈忠林代表听说此事之后备感欣慰：“死刑核准权每年关乎中国近万名死刑犯的命运，应该引起各方重视。”

在去年的十届人大一次会议上，全国人大代表、西南政法大学法学院院长陈忠林提交了《关于将死刑立即执行的核准权收归最高人民法院》的建议，去年10月，他收到了最高人民法院的回复。“我的建议只有一页纸，但没想到回复却有三页纸。回复明确地表示，接受我的建议，将尽快研究解决办法。”陈忠林代表说。

41位人大代表联名建议
最高人民法院收回死刑核准权

陈忠林从他参加的几次研讨会、咨询会上了解到，尽管从执法的角度说，死刑核准权收回没有任何问题，但主要的障碍是各省的高院：十几年来“自己做主”的老习惯想一下子改掉，手中握了十几年的重权想一朝收回，不是那么容易。

陈忠林代表告诉记者，中国目前死刑立即执行的核准权，除了危及国家安全、部分经济犯罪、严重职务犯罪等少数死刑案件外，全部由各省高级人民法院掌握，“上报率”不足 10%。这违反了经过修订的 1996 年《刑事诉讼法》和 1997 年《刑法》中关于“判处死刑必须由最高人民法院核准”的规定。

陈忠林代表说，按照我国法规，案件审判在一审、二审、终审之后还有死刑核准。死刑核准权本在最高人民法院手中。1983 年，因“严打”而转交给各省高级人民法院。在实际审判中，省高级人民法院肩负着二审、终审和部分案件的死刑核准的责任，在实际处理时很容易把几个步骤合并为一。更严重的是，各省高级人民法院在行使核准权的过程中，存在着标准不一、把关不严、或轻或重的情况，这种状况不利于维护社会主义法制的统一，不能保证《刑法》中关于“死刑只适用于罪行极其严重的犯罪分子”的规定得到准确的执行。最高人民法院对各地上报的死刑案件复核的改判率平均超过 30%，一些地方的改判率甚至超过 50%，就是这一问题亟须解决的有力证明。

死刑核准权在省级法院，还要受地方行政和地方保护主义的干扰。陈忠林认为，最高人民法院收回死刑核准权，有利于维护法律的严肃性，确保死刑案件核准权的统一行使，也是全面贯彻慎用死刑、严格控制死刑适用政策的需要。

十届人大二次会议开幕后，陈忠林注意到，3 月 9 日，最高人民法院院长肖扬在回答山西省高级人民法院院长李玉臻的提问时明确表示：“最高人民法院正在考虑收回死刑核准权。”

3 月 10 日，肖扬院长作《最高人民法院工作报告》，在总结去年一年的工作时，将最高人民法院对死刑案件的复核情况放在了第一条：“全年共审结死刑复核案件和刑事再审案件 300 件，同比上升 16.28%。其中，维持原判 182 件、改判 94 件、指令下级法院再审 24 件。”陈忠林代表说，这让他又一次看到了最高人民法院对这一性命攸关的问题的重视和解决的决心。

新闻三十六计

第十七计

抛砖引玉

皖北小镇千余教师集体请假引发全国关注

抛砖引玉

第十七计

原文

类以诱之，击蒙也。

直译

出示某种类似的东西去诱惑敌人，使其糊涂，以便打败他们。

引申义

先发表自己的见解，来引出别人的高见。

运用关键点

一位著名的学者对新闻如何更好地发挥干预社会、推动社会进步的作用，曾经表达过我个人认为很有见地的意见，核心就是两个字『频率』，意思就是新闻记者可不能指望像陈忠实那样一部《白鹿原》就不枉为著名作家，而必须用足够多的稿件，即足够高的报道频率来实现社会对问题的聚焦、形成解决问题的共识。

这正是『抛砖引玉』这一计谋的价值所在。即你的报道能敏锐地把握住社会敏感、热点问题，特别是通过新近的突发事件给予表达，就可能引发众多媒体的『共鸣』，进而会在一段时间集中挖掘和报道同一类问题或现象（当然很多时候首先是对突发事件本身给予深度挖掘），并迅速引发社会的强烈共鸣和关注，解决问题的契机往往就产生了。

实战案例（一）

《中国青年报》 2000/1/17

《安徽黄口镇千余教师集体请假》

采访手记

皖北小镇千余教师集体请假引发全国关注

日常传来的零星资讯，已经让我们感觉到乡村教师经常被拖欠工资的问题日益严重，但没想到，在当时依然经济不发达的皖北农村，这个问题会严重到这种程度。2000 年年初，晚间在省城合肥朋友聚会时，一位朋友偶然的一句话，激起了我们极大地要了解事实真相的欲望。于是饭吃了一半，我们就立即丢下饭碗，直奔长途车站。到萧县县城，已是黑夜。这也是可以例证第五计“趁火打劫”的一次典型的采访突破。

在长途车站的路边，我和同伴靳生选了一个面善的中年女司机的出租车，一上车即出示记者证，简要说明来意，请她安全驾驶，把我们尽快送往黄口镇。

一路风雪，因为是雨夹雪，不仅有积雪，还有泥泞，我们的鞋子里全是冰冷彻骨的雪水，但还是在第一时间赶到镇上。镇上最大的教育官员：镇教办主任的家就在镇上。镇子不大，打听教办主任这样的“名人”的住处不难。当我们敲响他的家门的时候，我们看到他的表情中有惊讶、有无奈、有惶惑，也有一丝感动，毕竟他知道我们能此时赶到，实属不易。

情况核实后，他走到里屋，拿出了那个让我这么多年过去依然很难忘记的黑色公文皮包——他从皮包里掏出的是全镇所有教师几天前集中交上来的请假条——上面的内容几乎一致：我们实在撑不下去了，我们要去南方打工。

看到这些特别的请假条，我们连续几个小时奔波的疲劳和寒冷仿佛一下子消除，剩下了只有尽快将突发新闻传播出去的热情和冲动。我们很快找到宾馆安顿，与总部取得联系，当晚第一时间发稿。稿件刊发在第二天《中国青年报》一版的显著位置，随后的几天又连续刊发相关追踪报道，从而使得部分地区基层教师工资拖欠问题再一次因为这个突发事件引发全国媒体强烈关注。后续的不完全统计，光是直接去采访的各地媒体就有几十家，转载的媒体就更多了。

一篇稿子是小事，关键是由此典型案例引爆的一段时间内全国各家媒体关于乡村教师工资问题的集中曝光，最终，大约半年之后国家的最新政策终于出台：明确基层教师的工资至少上收到县级财政负责。此举不仅一举让乡镇财政脱掉了一个大包袱（当然这也和农业税取消后必须响应为乡镇减负的大趋势一脉相承），也使基层广大教师工资的解决有了靠谱的制度安排。这是我们感到最欣慰的事情。

这就是“黄口镇教师集体请假”这一组加起来不到 3000 字的系列报道所发挥的“抛砖引玉”的作用。可以说，正是这样能发挥抛砖引玉作用的报道，可以验证出新闻报道的力量在于“频率”。

2000 年 1 月 17 日

安徽黄口镇千余教师集体请假

本报记者 / 黄勇　江淮晨报社记者 / 靳生

1 月 7 日上午，拥有近 10 万人口的安徽萧县第一大镇——黄口镇所属 38 所中小学的 1000 余名教师集体向镇教育办公室递上了请假条，理由是“8 个月没有发工资，生活无法保障”“老师也要吃饭，我们想请假出外打工挣钱养家糊口”。

请假条上交后，1 月 8 日开始，该镇除了县里所属的黄口中学外，其余所有的中小学都没有教师上课，各学校的教学工作一时间停止了。停课时各学校本学期的新课还没有上完，复习还没有开始。

萧县黄口镇的有关领导在接受记者采访时确认了 8 个月没有发放镇所属学校教师工资一事。据了解，在教师们集体请假一事发生之前，工资只发放到 1999 年 5 月份，且没有足额发放。其中还有 3 个月的工资，是镇里先由各学校借款后再发给教师的，借款的利息由镇里承担。“集体请假”一事发生后，引起了县、镇两级领导的高度重视，县财政紧急调拨 20 万元，镇里多方筹集近 30 万元，共近 50 万元于 1 月 13 日发给教师们 1999 年 6 月的工资。

教师集体请假后的停课引起了较大的社会反响，学生家长反应最为强烈。县、镇两级领导经过紧急磋商，于 1 月 15 日作出了“再不返校上课按自动离职处理”的决定，并承诺近期再兑现两个月的工资。1 月 16 日上午，教师们

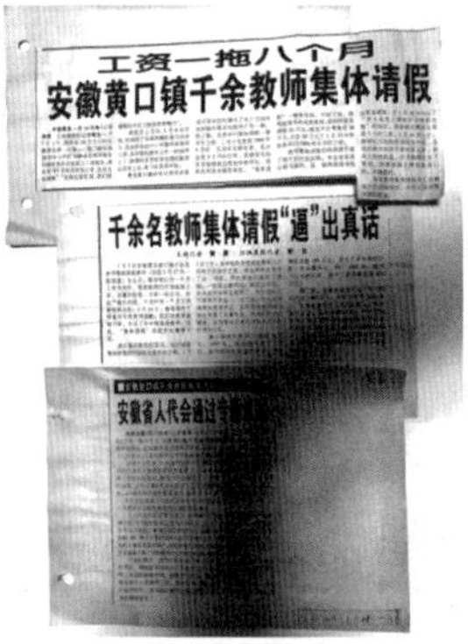

开始陆续返回各学校，各校的教学秩序开始恢复正常。但令人担忧的是，许多教师在私下里说：即便勉强上课也是违心的，不情愿的。

有关教师集体请假及工资被拖欠的详细原因，本报记者将继续跟踪报道。

跟踪报道：

千余名教师集体请假“逼”出真话

1 月 7 日安徽萧县黄口镇千余名教师集体请假事件（本报 1 月 17 日一版报道）发生后，镇里曾以发一个月工资为条件，要求教师们尽快返校上课，但遭到拒绝。大家一致认为，如此严重的问题，不是补发一个月工资就能解决的。1 月 14 日，镇领导终于郑重向全体教师道歉：我们对教育重视不够，今后工作中将设法弥补。至此，“集体请假”风波开始慢慢平息。

黄口镇的教师们表示，他们采取集体请假的行动实在是无奈之举。1 月 7 日下午，各学校的老师在犹豫再三之后终于在放学之前，向全体学生宣布了这一消息，并向学生们说明了原因。一位语文教师说，消息公布后，许多教师和学生都哭了，学生们久久不愿离开教室……为了防止学生在停课期间荒废学业，各科任课教师都为学生布置了大量作业，作为临时补救措施。这些情况记者在采访多名学生时得到证实。

黄口镇拖欠教师工资由来已久。1997 年，新的领导班子上任后，面对教师们的强烈呼声，多方筹资借款 198 万元，清欠了多年来的旧账。但好景不长，到了 1998 年，竟创下历史新纪录，拖欠工资总额达到 400 万元！

据了解，该镇由镇财政包干发工资的共有 1180 多人，其中教师有 1080 多人，足额发放教师工资应是镇里工作的重中之重。但到 1999 年年底，作为该镇教师工资主要来源的教育附加费征收只完成了 160 万元，离应该征收的 300 多万元相差甚远。镇里在教师工资方面拖欠严重，对各学校的投入多年来也基本是零。

第十八计

新闻三十六计

擒贼擒王

踏破铁鞋无觅处，
最知情者在沪上

擒贼擒王

第十八计

原文

摧其坚，夺其魁，以解其体；龙战于野，其道穷也。

直译

摧毁敌人的主力，抓住敌人的首领，就可以瓦解他的整体力量。这就像蛟龙离开海洋到田野中作战一样，势必面临绝境。

运用关键点

在对新闻事件的采访中，一定要设法见到与新闻事件最直接相关的第一当事人（即所谓的『魁』），或是到达新闻事件发生的最重要、最主要的第一现场，这是衡量采访是否到位的最重要标志，也是新闻精品产生的最重要前提。

实战案例㈠

《中国青年报》内参 2007/6/25

《治理污染投入巨资为何收效甚微》

采访手记

踏破铁鞋无觅处，最知情者在沪上

在我个人的采访经历中，有过多次“擒贼擒王”一般的体验。如采访被58岁光棍汉藏在地洞的少女，设法通过在公安机关当警察的同学关系，在被伤害的少女家里见到了这位当事人；通过在公安机关多年结识的朋友，在看守所内采访因在竞聘考试中失利，用雇凶砍伤脚筋的残忍手段报复排名在前的同班同学的一位女大学生；很幸运地通过114的电话咨询，竟然找到了因去澳门豪赌输掉几百万被撤职的县委书记的家，冒充受他的一个朋友之托，从北京去看他，从而敲开他的家门……

当然还有影响力和冲击力更大的重庆井喷事故追访中见到死者的家属；通过对刑法领域最顶尖专家的第一落点访谈，获取最重磅素材，实现对最高法收回死刑审核权的第一时间的呼应……

下文详细叙述的是一个完整的“擒贼擒王”的案例。

2007年5月底，闻名世界的旅游胜地太湖突然爆发大规模蓝藻。位于太湖之滨的著名城市无锡，因自来水水源地被蓝藻彻底污染，水管中经过重度处理的自来水依然飘荡着熏人的臭气，导致全城几乎陷入了无水可喝的境地，人们纷纷到苏州、上海，甚至苏北投亲靠友“避难”，大中小学一律放假，一时间店铺关张、游人绝迹，昔日的旅游胜地在危机爆发后的几天内几乎成了一座空城。

因为太湖流域地处长三角这一全国最富庶地区，号称全中国的“金库”，这一核心地区的危机无疑震惊了全国。

事情发生了，作为机动记者并曾在长三角地区工作过的我，很快接到了报社的指令。当然这一次的使命不仅是调查污染的实际状况，因为在危机爆发的第一时间，如此重大的事情的表象是难以遮掩的，全国和当地的媒体都在第一时间云集无锡，连篇累牍地作了很多现场的报道。我的一位比我更早接到报道指令的同事透露，到当地采访的记者很多，每次地方部门一招待都是几大桌。

报社给的要求很“苛刻”，或者准确地说，版面需要的不仅是表象，更重要的是大家都掌握一个基本的事实是：太湖地区污染治理国家数年来投入已经很大，为什么还会发生如此特大的事件？在事件的背后又会有哪些不为人所知的内幕呢？

我深知这一命题的重大和采访的艰难。大难当头，没有谁会主动承担责任，真正的当事者更是不会站出来主动说清事情的真相，谁都知道责任人一旦被揪出，少则进大牢，重则丢性命。

但冥冥之中，一定会有人知道，甚至全部掌握背后的内情的，因为这十几年来，伴随着中国工业经济的飞速发展，污染早已成为一个人人痛恨的公共话题，治理污染在中国的很多地方都成了有关老百姓生存底线的最重要的、最基本的话题。问题的关键就是要找到“价值千金”的内部知情者，找到一位最权威的人士采访——“擒贼先擒王”，要抓住“贼”——“问题”的本质，首要的问题就是要“抓”到这个通晓事情原委的“王者”。

踏破铁鞋无觅处，得来全不费工夫。但实际上这个过程一需要心思、需要耐心，二需要运气。这情形有些像足球场上的博弈，如果没有一个正确的战术，肯定赢不了，但如果每一脚势在必进的球都打在门框上，你只能慨叹运气太差。

有了基本的判断，我没有急于赶往事发现场，而是将采访和调查的第一站选在了南京——这里是省会，是各种信息的交汇地，是多家科研机构和环境主管部门的所在地。因为已经不是描述爆发的现场情景，如果非要第一时间赶到现场，反而容易被不愿透露实情的人限制。

事实证明这一基本判断的正确性。事情就是这样，当你有了一个基本正确的判断，上帝眷顾的运气往往也会随之而来。

后面的时间，除了悄悄地到现场目击了一天之外，整整五天时间，我都在与文章中的主人公交往。发现重要线索的机缘或者“灵感”来源于和一个江苏媒体同行的聊天——此人不经意地说，实际上在全运会前的南京玄武湖也发生过蓝藻爆发，但因事关全运会的顺利举办，最后被一个紧急请来的上海的污染治理专家治好了。

我听了以后顿时一激灵，几天来的寻觅之困仿佛突然间被一连串的问题消除——能治好玄武湖，应该就能治好太湖，为何不请高人？其中必有隐情。

在我果断地决定迅速前往上海寻找高手之后，事实证明了我的预感。

和这位曾治理好玄武湖污染的顶尖专家，从最初的认识到最后成为知心人。就是短短的三天时间，一篇重磅的文章由此诞生。文章被时任总理和副总理批示后，发挥了媒体应有的高层决策参考的作用。

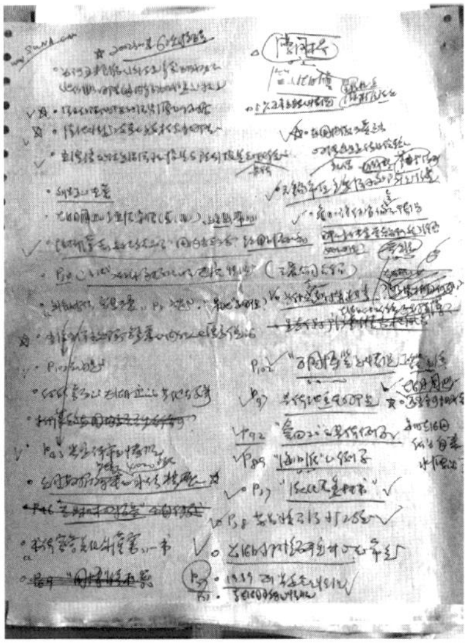

这是一张会让人记忆深刻的纸片。第一次见到知晓太湖污染事件内幕的刘先生，云里雾里地结束和他的第一次交谈，并拿回厚厚的一叠几百页的基本资料之后，我和事务繁忙的他相约第二天下午见面再详谈一次，时间满打满算是两个半天。

如果说和他的第一次交谈是青涩的，因为很多的专业术语、专业描述、很多的专业叙述，还有很多的业界的往事，对我来说完全陌生，听起来是比较费劲的，而涉及的一些重磅内幕，还必须找到旁证，或是有权威部门或机构的认定，才能形成完整的证据链条，才有可能下结论。

人是发现和找到了。但能否“擒”住，也就是真正从他身上获取扎实的素材，第二次的交谈更加关键。我利用这两个半天时间，把自己关在宾馆的房间里，印象中买了四五盒方便面（那个时候时间紧，觉得方便面是天下第一美味），就开始“攻读”刘先生给我的所有的几百页的素材，每看到疑问处，就立即随手在纸上记下问题，这样在第二天和刘先生见面之间，攒了将近 40 个大大小小的问题，现将纸上的问题整理如下：

· 2002 年以来的 6 次提醒

· 为何五粮液的治理较为成功的

· 污水处理厂成为新污染源的证据

· 滇池难题攻克的主要标志有哪些

· 圣澳涤（一种处理污水的技术，笔者注）处理生活污水的投资与现行投资的具体比较

· 刘先生的专著

· 太湖周边的主要污染源（点、面），无锡、常州

……

就是靠着对这些问题不厌其烦的求索和刘先生的详细解答，我在第二次的采访中获得了更大的收获。记得在采访中，刘先生本人也很兴奋，因为这些我经过短时间的“恶补”之后提出的大大小小的问题很多都较专业，让刘先生很惊讶，同时在交谈中基本都是在专业层面的交流，让刘先生本人很愉快，因为很多专业术语我已经能听明白并能够表达我的理解。

2007 年 6 月 25 日

治理污染投入巨资为何收效甚微

——太湖蓝藻爆发引发的环保追问

本报记者 / 黄勇

六月份内参批示情况通报

办公室公告 (2007-06-29 15:11:37)

本报 6 月 25 日刊发的内参《信息专报》第 66 期报送国务院办公厅后，6 月 29 日，国办秘书局告知本报：国务院总理温家宝、副总理曾培炎已对题为《治理污染投入巨资为何收效甚微——太湖蓝藻爆发引发的环保追问》的该期《信息专报》（记者黄勇）作出批示。

总编办内参组

2007 年 6 月 29 日

这份内参批示情况通报是个人的莫大荣幸，在真实的，并有真知灼见的内参中与共和国总理神交！

今年 5 月底 6 月初，太湖流域的无锡市因水源地蓝藻爆发引发的自来水危机，导致全城几乎陷入了无水可喝的绝境，昔日全国著名旅游胜地一时间店铺关张、游人绝迹、人员外流，因为太湖流域地处长三角这一全国最富庶地区的特殊地理位置，这场危机震惊全国。现在经过引江济太等一些应急措施，无锡重新恢复了往日的正常秩序，但危机给人们心中留下的阴影并未散去。

不法企业偷排污水和少数监管者的纵容，是造成污染现状的重要原因，这早已为人们所知晓，所不齿。但这场早在专家们意料和预言之中却突如其来的危机，更引发出人们诸多的困惑和追问，其中一个最大的问题就是，为何国家高度重视并逐年加大污染治理投入，太湖流域在刚刚过去的一个五年治理规划中更是投入了高达数百亿的巨资，累计投入已近千亿，但治理的收效却微乎其微？甚至污染还呈逐年加重之势？太湖蓝藻的大规模爆发已是最好的例证，最新的航拍资料显示，蓝藻肆虐太湖的面积已经向 20% 逼近。而滇池、巢湖、淮河等等众多的江河湖海，同样在时刻面临着随时不期而遇的大规模污染爆发的危险。

从国家财政到地方各级政府对污染治理的巨额投入，主要用于建设污水处理厂和对江河湖泊已污染水体的治理，让我们从这两条可以直接探寻的路径开始，去努力求索追问的答案。

追问之一：污水处理厂为何成了污染大户

1. 污水处理厂令人扼腕的怪现状

6 月 9 日下午，记者驱车来到太湖工业污水最大污染源之一的宜兴市（无锡市辖）周铁镇暗访。这里距太湖岸边仅数百米之遥，是宜兴市离太湖湖岸最近的一个镇，因为水网密布，排水便利，这里成了当地化工厂最集中的一个地区，乡镇工业发达。在三四家化工厂包围之中，记者有些兴奋、有些惊讶地发现了一个崭新的“污水处理厂”，要知道在中国的乡镇一级单位，有污水处理厂、敢建污水处理厂的地方不多。住在周围的老百姓告诉记者，厂子是去

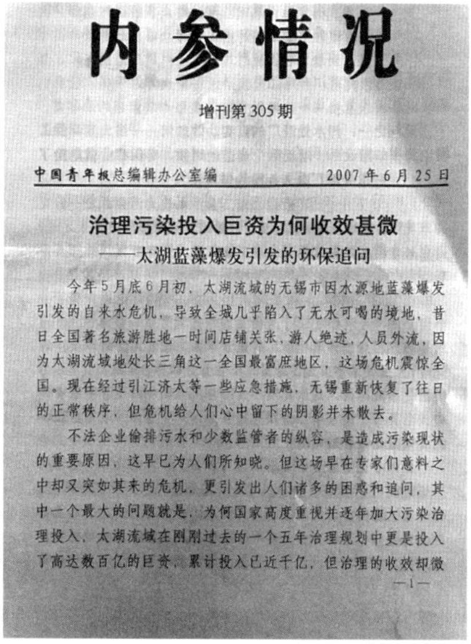

内参情况

增刊第 305 期

中国青年报总编辑办公室编　　2007 年 6 月 25 日

治理污染投入巨资为何收效甚微

——太湖蓝藻爆发引发的环保追问

今年 5 月底 6 月初，太湖流域的无锡市因水源地蓝藻爆发引发的自来水危机，导致全城几乎陷入了无水可喝的境地，昔日全国著名旅游胜地一时间店铺关张、游人绝迹、人员外流，因为太湖流域地处长三角这一全国最富庶地区，这场危机震惊全国。现在经过引江济太等一些应急措施，无锡重新恢复了往日的正常秩序，但危机给人们心中留下的阴影并未散去。

不法企业偷排污水和少数监管者的纵容，是造成污染现状的重要原因，这早已为人们所知晓。但这场早在专家们意料之中却又突如其来的危机，更引发出人们诸多的困惑和追问，其中一个最大的问题就是，为何国家高度重视并逐年加大污染治理投入，太湖流域在刚刚过去的一个五年治理规划中更是投入了高达数百亿的巨资，累计投入已近千亿，但治理的收效却微

—1—

年建的，周围的几个企业都有管子通到这里。尽管已是下班时间，污水处理厂大门紧闭，但仔细通过围墙看过去，巨大的沉淀池中，搅拌器还在工作，浑浊的污水在里面缓缓流动，让人心里颇感一阵欣慰。

但随后记者看到的景象却让人失望——就在与污水处理厂一墙之隔的一条宽十多米、可以明显看出流向太湖的小河里，翻滚着缓缓流动着的、暗绿色、飘着腐臭味的污水。继续往前走，曾被有“环保卫士”之称的当地农民吴立红举报并被环保部门罚款的著名化工厂——天音公司的围墙外，记者步行仔细查看，发现了数个从围墙底部直通外部的暗渠，里面流淌的水则是十足的酱油色，暗管中废水的流向与污水处理厂的方位背道而驰。而记者在方圆不过几公里的周桥镇中心地带和附近的芳桥镇所看到的河网中，流动的是无一例外的“暗绿色”。

一边是污水处理厂开工建成，以高额成本在“处理”废水。一边是已经形成并逐渐加重的污染态势。记者在一个周铁镇见到的令人困惑的景象，就是整个太湖流域乃至更多地方污水处理厂现状的缩影。

翻开《太湖流域水污染防治“十五”规划》，经过国务院和国家环保主管部门核定的官方说法白纸黑字，却让人触目惊心——“九五”期间国家投资近 100 亿在太湖流域城镇建设的 54 个污水处理厂，29 个已经建成，但只有几座有脱氮除磷措施，农业面源污染防治又缺乏法律上的支持和有效的治理技术，氮磷污染物没有得到有效削减，致使太湖流域水质超标的主要因子转化为总磷和氨氮。专家们论证的结果，这正是造成水体富营养化的主要元凶。

几年前，国家环保总局对全国几乎全部的 700 多家城市污水处理厂的综合调查统计结果表明，只有 20% 的处理厂能正常或基本正常运转，其余大量的处理厂无法完成污水的达标处理。而曾经参与此项调查的著名水治理专家、国家环保总局“保护长江万里行”专家组组长刘光钊向记者透露，实际情况比公布的数字更糟，他所实地考察的江苏、上海、河南、安徽和长江沿岸的几个省市，污水处理厂都成了豪华的摆设。

更有甚者，污水处理厂反其道而行之，成了污染的帮凶。记者从负责整个太湖流域水务管理的水利部太湖局获知，自 2005 年以来整个湖岸新增的 16

个污染大户中，就有沿岸两个城市的污水处理厂，污水只经过初级处理或根本没有处理就直接排入太湖，在这里，污水“集中处理”成了“集中排放”，对太湖的侵害更为严重。

2. 按照潜规则办事你才能“入门”——污水处理厂建设中存在“劣币”驱逐“良币”现象

“你拿六万块钱来，工程先干着”，这是一位多年来参与全国多条河流湖泊污水处理厂建设竞标的业内人士的亲身经历。这位人士告诉记者，他在参加太湖流域的一所城市处理种养殖废水的处理厂工程招标中，一位有拍板权的当地水务部门的官员直截了当索要“好处”。已经多次在竞标中吃亏的公司坚持先签下合同再给好处，结果在竞标现场考察的那一天，他们的试验组遭遇了突然的停水、停电，所有的现场效果演示都化为泡影，他们只好选择退出。

这位人士向记者叹息：因为我们仗着有国内领先的新技术，没有也不愿按照所谓的潜规则搞私下交易，就遭遇这样的结果。

根据国家的防治计划，仅太湖流域在 2010 年之前就要建设 300 多个污水处理厂，上千亿元的大蛋糕，吸引了众多人的眼球。以一个投资上亿的日处理能力污水两万吨的工程为例，光是抄一抄现成的陈旧技术的图纸，就有二三百万的效益，绝对的暴利!

但在已经过去或正在进行的污水处理工程建设中发生的故事，却让人感到，这一市场的良性运行规则亟待建立。

打开国内一家有外资背景的环保集团——鹏瑶集团公司的主页，可谓喜气洋洋。自 5 月初以来，他们在太湖流域的两个大城市南京的江宁区和苏州吴中区连续中标了两家投资过亿的污水处理厂，不由得不高兴。但一位业内专家却向记者透露，就像太湖流域已经建成的诸多污水处理厂一样，此企业吹嘘的所谓污水处理先进技术“氧化塘”和“A2/O”，是早已过时陈旧的国外二十世纪六七十年代的技术，不仅无法适用于中国污水处理的现实需求，无法有效去除污水中的氮磷成分，还存在着占地面积大、建设工期长因而投资浪费的致命弱点。上海市水务系统的一位行家告诉记者，20 世纪 80 年代，鹏瑶公司的设备曾经短时间风行上海，黄浦江边的十多家污水处理厂用的都是他们的设备，但很快被证明都是“聋子耳朵”，这家企业的产品就此在上海绝迹，但没想到，他们还是凭借着外资背景，又到太湖流域别的地方继续招摇撞骗。

就在两年前，还是上述这家企业屡屡中标的太湖流域的无锡市。一家掌握着国际治水领先技术、在云南滇池和南京玄武湖污染水体治理中取得显著成效的企业，经过上级环保部门的郑重推荐，参加工程项目竞标。这家企业为了表达诚意，先后邀请了这所城市由市政府、市计委、市建委、市环保局人士分别组成的四批考察团，远赴澳大利亚的公司总部考察技术，看了之后，考察团人人都说技术好。这家公司因此做好了污水处理厂设计的全部文案，甚至在这个城市隆重召开的投资招商会上，大张旗鼓地与市领导数次签订了意向性合同，结果出人意料的是，投资近 6 亿的“大蛋糕”还是三转两转，转到了别人手中。这家公司很较真地询问缘由，答复是“主管的领导换了，要重新招标”。但最后的结果却是，陈旧的技术和浪费的设计又一次取得了“胜利”！

这家公司的技术主管给记者算了一笔账，一个日处理污水 20 万吨的项目，竞争对手的报价是直接投资 2.4 亿元、占地 300 亩；他们的方案是投资 1.8 亿、占地 80 亩，按当地土地的最低价每亩 220 万计算，光是土地费用就可节约 4 亿多元，而且是跟市里立下了军令状——污水处理 100% 达标！但现实是残酷的，他们只有无奈地接受被“驱逐”的命运。

追问之二：为何明知不可为而为之——动辄底朝天式的疏浚或者是日复一日“西西弗斯”式的“捞藻”——决策机制成了“钓鱼工程”的温床

国家环保总局一位专家组成员 6 月 8 日在接受记者采访中透露，令他十分意外的是，太湖蓝藻爆发之后，他在第一时间接到了无锡市一位环保部门分管领导的请求，竟是让他帮忙找找云南滇池那边的熟人，打听一下“捞藻”的具体办法。

“捞藻”，是污染治理行业内人所熟知的术语，即用人工或机械（一般是特制的配备打捞工具的“捞藻船”）从已爆发的水面上将蓝藻捞掉，以试图缓解污染的办法。

捞藻对污染治理的效果，在水环境研究领域早有定论——只要水体富营养化的环境存在，以细胞分裂的几何级数来迅速生长的蓝藻，是用人工无论如何无法捞尽的。我国最早开展大规模捞藻试验的云南滇池已经实施了十年多，但每年捞藻时间长达半年，除了每天投入 10 多万、十年累计投入已高达亿元和被藻毒侵害不断病倒的捞藻工之外，收获的只是湖面上越捞越浓的蓝藻。国家环保总局专家的评价是：作用微薄、耗资巨大，实为劳民伤财，犹如蚍蜉撼大树。

但令人惊讶的是，如此常识，竟然会被一些城市的污水治理决策者们置之不理。记者 6 月 9 日在太湖岸边暗访中发现，一名身穿黑色防水服、身材高大的老者正吃力地站在离岸不远的浅水中，用漏斗状的工具在捞藻，四周被蓝藻团团包围，累得满头大汗。记者装着若无其事地打听得知，他是某水环境治理公司雇用的职员，每月工资 800 块，尽管活计辛苦，还是有很多人抢着干，毕竟一年中有半年不需要捞，一算划得来。他还说，捞藻这活儿，是他们公司好不容易争取到的，一承包就是一年。

除了“捞藻”，目前在一些大江大湖被常用的办法还有动辄底朝天、对外宣传为根治的“挖泥疏浚”法和整体“换水法”等。记者近日在安徽巢湖和南京玄武湖的走访中都不难发现这些所谓的污染治理办法依然在使用，巢湖岸边，功率强大的水泵不停地将污泥从已被抽干的一片湖中抽出，抛洒到湖岸之外；玄武湖岸边，则可以看到巨大的水口不停地向湖中倾吐着来自长江的“清水”。

权威专家们对这两种方法的评价是，挖泥，虽能暂时削减水底深层的部分污染物，但对于藻类泛滥无济于事，不仅投资过大，大多难以承受，整个水体的原有生态被破坏，极易丧失水体的自净能力；换水法，实为污染转移，就像异体器官移植后的排异反应一样，换入的水体与原来水体很难相容，由于污染因子增加反而极容易重蹈覆辙。

事实已经针对专家们的评价给了极好的回答和验证。几年前耗费巨资将湖底疏浚过一次的无锡自来水源地的太湖内湖——五里湖，成了今年蓝藻爆发的主阵地；依靠挖泥疏浚法为主治理污染的巢湖，近年来投入已高达十几亿，近日已经爆发了大面积的蓝藻，所幸巢湖岸边最大的城市安徽省会合肥，早已不把巢湖作为自来水的水源地，才没有闹出无锡那么大的“动静”；更具说服力的是玄武湖，2004 年刚刚大换水，2005 年夏天在没有任何外来污染的影响下，却突然爆发蓝藻，其时正值全国“十运会”即将召开，承办水上项目的玄武湖面临着“无颜见人”的尴尬，多亏了北京和上海顶尖专家用科学的紧急抑藻法，在湖面上大面积撒放特制的抑藻剂，才得以渡过难关，所治理水面的效果一直保持至今。

我国水体富营养化问题研究的权威专家、中国环境科学研究所湖泊与环境研究室主任赵章元研究员早在 2001 年就已通过公开媒体向社会宣布：蓝藻是可以征服的。经过滇池等大水体开放性试验，我国对藻类泛滥的防治研究已经取得了突破性进展，并具备了较为雄厚的综合控制除藻的技术储备。

一位业内人士告诉记者，一些大江大湖的治理，看起来责任重大，但其决策权却往往掌握在少数人手中，他们利用手中的权力，将工程承包给自己人，而不管他们是否掌握了真正的治理技术，不管他们的治理到底有没有效果。在一些地方污染治理的研讨会上，一个颇为流行的说法就是，蓝藻就是“生态癌”，现有的方法基本不可治，起码几十年内不可治。正是这个流行的说法，给这些耗资巨大的钓鱼工程披上了合法的外衣，让许多宝贵的污染治理资金打了水漂。

追问之三：为何审查的只是财务过程，而不是投资效益？——呼唤环保投资责任制

在记者连日来对太湖流域的采访中，所到之处有识之士的共同呼声是：呼唤环保投资责任制。现在建一座楼房歪了，造一座桥塌了，马上就会追究责任，弄不好还会坐牢，但建一个耗资几亿的污水处理厂，造好了调试不出来，排出的仍是超标的污水，决策一个投资数亿的治污工程，结果是越治越污，却没人会被追究责任，或是轻易就可将责任推给别人，推给“上游”，推给子虚乌有的污染任务太重……

一位业内人士告诉记者，污染治理工程的审计，目前审查的只是财务运作过程，而不是更关键的投资效益，污染治理工程的招标，也只管设备的刚性运转，很少与治理的实际效果相挂钩，这是明显的制度缺憾。（因涉及一些敏感事实，故部分企业等为化名或隐去名称）

新闻三十六计

第十九计

釜底抽薪

与第五计“趁火打劫”
在运用中的细微差别

釜底抽薪

第十九计

原文

不敌其力，而消其势，兑下乾上之象。

直译

不攻打其最坚强的部位，而削弱其气势，以柔克刚，可胜强敌。

引申义

把柴火从锅底抽掉，才能使水止沸。

运用关键点

要试图推进从根本上解决问题，不浮于『扬汤止沸』的表象，必须发现和找到造成问题发生的、相对静态的或已持续一段时间的最根本原因，求以正视听之效。

实战案例㈠

《中国青年报》 2004/6/1

《三协警深夜私闯民宅抓『嫖客』》

采访手记

与第五计“趁火打劫”在运用中的细微差别

事件发生的主导方所处的态势，趁火打劫时面对的是身处困境的对方，利用对方遇到危机、发生重大纰漏，迅速查明问题发生的原因，事实真相也迅速大白于天下，这个原因一般是相对动态的、偶然的。趁火打劫贵在迅速，所谓的“兵贵神速”。

如在“趁火打劫”一章节中所列举的“安徽高考分数漏统事件”。当地有关部门在事件发生后自知铸下大错，在第一时间试图逃避罪责，遮掩问题真相，将罪责推给用于统分的计算机系统软件。我用短短半天时间通过平时积攒的人脉，设法采访到软件程序的主要设计人，并通过隐身旁听他与省招办相关负责人的对话，确认软件没有任何问题，是人的问题，是对考分统计程序监管的问题，从而第一时间揭开了事情的真实内幕，并逼迫对方在报纸公布真相之后，顺应上级主管部门的要求召开新闻发布会，公开认错。

釜底抽薪运用时面对的则是强势的对方，就像下文所举案例中的县城警方，暴打无辜百姓之后，虽然承认是他们打人，并去医院象征性地给了区区1000多元的医疗费，依然像什么也没发生一样扬长而去，我行我素。此时的记者作为一个个体，也像普通百姓一样，看上去对他们的行径只有徒唤无奈，但实际上这样的情形同样有记者价值体现的广阔空间，那就是找出同类问题发生的根本原因，引起全社会，特别是高层领导的重视，以求达到从根本上解决问题的“釜底抽薪”之效。

记者数次追踪，找到县公安局相关负责人，才把问题的根子点了出来。当然这个根子是相对静态的，是一段时间警力不足造成的协警乱为，这个问题的解决也不是立竿见影，柴火抽走了，锅可能还要热好久。釜底抽薪运用中注重的最主要的并不在“快”，而是对问题原因的挖掘要“准和狠”，甚至是长期未决的沉疴。当然引发采写的事件的时效也是要兼顾的，否则新闻价值就要打折扣。

2004年6月1日

三协警深夜私闯民宅抓“嫖客”

本报记者 / 黄勇

不速之客深夜破门而入

一扇普通的门。一道被重力击打留下的长约十厘米的裂痕和大大的凹坑。记载着5月16日晚，安徽省潜山县（现为潜山市——记者注）一幢普通商住楼里发生的一件不普通的事。

当日晚近零时，潜山县城梅城派出所的3名协警（即“联防队员”）跨越辖区，来到彭岭派出所辖区内的皖国路，悄悄走上了王芳家租住的商住楼的二楼。没有正规的警察带领、没有出示任何证件、没有说明任何理由，他们突然破门而入，对居住在房间里手无寸铁的少年三姐弟王曼丽（女，16岁）、王静静（男，14岁）、王莹莹（女，13岁）发动了突然袭击。先是王静静居住的房间门被撞开，接着他们又冲进王曼丽和王莹莹居住的另一个房间，一顿拳打脚踢。

王静静当场被打得昏倒在地，头部血肿，不省人事。王曼丽腹部被踹了好几脚，一只手被扭得当场肿成胡萝卜，身体蜷缩成一团。最小的王莹莹也是全身青紫，动弹不得，可怜的她还记得帮姐姐挡了两拳。3个壮汉对3个柔弱少年的施暴迅雷不及掩耳，以至于三姐弟的姐姐王芳闻声从楼下赶来开门都来

三协警深夜私闯民宅抓“嫖客”
无辜少年三姐弟惨遭毒打 行凶者至今逍遥法外

不及。

三姐弟被毒打后的惨叫声，在寂静的深夜里显得格外刺耳。5月28日晚，一位家住事发现场300米开外的王姓年轻人向记者回忆起当晚的情形，依然心有余悸。

所幸在外闯荡过几年的姐姐王芳头脑还算清醒，她迅速打通120，将3个弟妹送往医院抢救。王芳清楚地记得，当她将被打伤的3个弟妹往救护车上抬时，3个行凶者站在她们家二楼的窗户口，冷冷地观望着。那晚，王芳的爱人忙于工作、老父亲回老家照料病重的爷爷，都没有回来。王芳还清楚地记得，医院里的医生在检查完3个弟妹的伤势后，用了“残忍”两个字。

医院的病历真实地记录着：王静静，脑震荡，头皮血肿，清醒后又昏厥两次；王曼丽，四肢外伤，腹部疼痛；王莹莹，头部受伤害。

以“抓卖淫嫖娼现行”的名义

事发后，3名协警对此的解释是：“要抓卖淫嫖娼现行。”

3人宣称，5月16日夜他们接到电话，说王芳所开的美容美发室存在卖淫嫖娼现象，于是他们便在附近守候。晚11点左右，发现有一男一女上了楼，就去抓卖淫嫖娼的现行。3人还称，他们进屋后，是3个孩子拿东西打他们，而他们根本没有还手。至于孩子为什么受伤，他们也不知道。他们还特别强调：正是因为3个小孩的阻挠，嫖客从二楼跳楼逃跑了，他们没能发现。

5月28日晚，记者在事发现场看到，王芳四姐弟租住的这幢商住楼，一楼门面房与上面四层居住楼的通道是隔开的，上楼必须走楼后的公共楼梯。假设3名协警所说的“一男一女”存在，但站在楼外，无论如何看不到他们究竟上的几层楼，凭什么断言两人是上了三姐弟住的二楼？

3名协警还称，他们在撞门时，从门缝里看到确实有人赤身裸体躺在床上。但那天，床上睡的是14岁的王静静。天已开始有点热，王静静只穿了一个裤头，被子的一角搭在身上。

3 名协警宣称，是几个孩子的阻拦导致嫖客翻窗逃跑。但记者在现场看到，嫖客要逃走根本不可能。一是商住楼前后都是开阔地，有灯光照明，无法躲藏；二是商住楼一楼门面房高度超过一般住宅楼近两米，一、二楼的楼层高加上窗台的高度有七八米，下面就是水泥地面，跳楼后肯定非死即伤；第三，假设嫖客真的跳楼逃跑了，但卖淫女呢？为什么现场除了同居一屋的 16 岁的姐姐王曼丽和 13 岁的妹妹王莹莹之外，再也找不到别的女孩？

记者在采访中了解到，王芳家所在的辖区为彭岭派出所，而 3 名协警所在的梅城派出所离此地有数公里之遥。早在 2003 年，安庆市公安局就曾专门发了一个文件，潜山县公安局也曾三番五次开会禁止派出所跨辖区查处娱乐业，三人为什么要跑这么远去抓卖淫嫖娼？潜山县公安局一位内部人士的话也许是最好的解释，“这里抓到一个卖淫嫖娼的一般罚款是 3000 元至 5000 元”。

可怕的冷漠 莫名的迟缓

3 名年少弟妹遭到毒打全部住进医院，已经让原本有身孕的王芳难以承受。但更让她难以置信的是，事发第二天的 5 月 17 日，当她和爱人先后前往辖区内的彭岭派出所和县公安局报案时，遭到的却是冷遇。

彭岭派出所的答复是：这是“兄弟所”发生的事情，我们不好处理，去找县公安局吧。

县公安局从值班室到办公室再到信访办，最后的答复是：现在没有人，过两天再来。

无奈之下，王芳的爱人小董想到了媒体。联系了当地媒体后，当天就有两名记者赶来采访。

记者来过之后，5 月 17 日晚，县公安局派人到病房看望 3 名受伤少年，并当场答复：安心治疗，治疗费用不用担心。

但记者一走，当王芳和爱人单独去找县公安局时，事情如何处理，医药费何时支付，又都没了下文。

王芳的母亲去年刚患癌症去世，家里花了很多钱。几个弟妹都靠她和爱人不多的收入，生活十分拮据。到 5 月 21 日，预付的医药费已经全部花光，医院停了药。王芳和爱人只好再次到县公安局苦苦哀求，结果到了中午 11 点多，公安局来了两个人垫付了当天的药费 300 元后，又没了下文。到 5 月 24 日，公安局终于又给了 1000 元，就这样直到今天。

因为缺钱，3 名少年的治疗基本处于停顿状态。

5 月 28 日，记者见到了 3 名尚未办出院手续，但却已被迫提前出院的受伤少年。因为时近期末，王静静于当天开始返校上课，但上学头一天就感觉头又晕又痛；王曼丽被踹的胃部至今仍隐隐作痛；受伤最轻的王莹莹胳膊上的青紫还清晰可见，小姑娘告诉记者，左腿痛，走路迈不开步……

对 3 名协警的处理，县公安局曾在 5 月 17 日对媒体称，3 名协警已被开除，“可以确定，3 名协警员是私自违纪执法，王静静等三姐弟确实是刘宏等 3 名协警所伤”。但时至 5 月 29 日，县公安局仍无法拿出任何处理 3 名协警的书面材料。县公安局一位领导的答复是，因为这段时间忙得坐不下来，所以连“开除”的处理意见都是口头的。

5 月 29 日上午 10 时，记者来到 3 名协警所在的潜山县梅城派出所，这个在办公楼墙上贴着“24 小时值班”的派出所内空无一人。记者在当天上午，先后两次长时间拨打该派出所的报警电话，电话是通的，但一直无人接听。

梅城派出所附近农户 5 月 29 日向记者证实，几名行凶的协警三四天前还在派出所里进进出出，很是逍遥。

记者从潜山县公安局获悉，该局近期将开会讨论处理此事。

为什么又是协警

发生在潜山县城的这起恶性事件尽管有些骇人听闻，但协警违法执法，已并不鲜见。问题在于，国家有关部门早在几年前就已明令取消协警，为什么在潜山，协警依然存在并横行乡里?

潜山县公安局刘局长在接受记者采访时，对协警问题不无苦恼。他坦言，尽管此次问题出在协警上，但体现的是公安队伍在管理和力量方面存在的现实问题。刘局长告诉记者，实际上潜山县在 3 年前就下令全部解散协警，但现实情况是，警力严重不足。

刘局长说，以县城为例，10 多万人，有 3 个派出所，但总共只有正式警员 10 余名。在最偏僻的乡镇，是一个警员辖一个乡，“想真正保证一方平安，简直就是空话”。一些基层乡镇为了搞好本地治安，宁愿提供财物保障，并物色专人协助警察处理治安事务。面对这样的情况，地方派出所是十分乐意的，因为一方面不花钱壮大自己的势力，另一方面联防队员都是对地方情况了如指掌的人，有些时候对警察办案的确很有帮助。县公安局考虑到地方派出所的实际需求，也只好默许。

但一开了口子，就意味着管理的责任。一个派出所究竟需要多少协警，协警的培训、管理等等，在协警本身都已是“灰色存在”的情况下，都成了被忽视的问题。刘局长透露，据初步摸底，3 年来该县的协警又悄悄壮大到好几十人的队伍。

按照过去的规定，协警必须在正规民警的带领下才能协助办案，不具备独立办案的主体资格。记者在采访潜山县城居民中了解到，实际上协警单独行动的时候很多。当地居民尽管知道他们违规执法，但却敢怒不敢言，害怕打击报复。

记者从公安机关了解到，安徽省潜山县面临的协警队伍解而不散、解而难散甚至“死而复生”的问题，在全国并非个别现象。

第二十计

新闻三十六计

浑水摸鱼

告状电话打到了报社总编辑办公室

浑水摸鱼

第二十计

原文

乘其阴乱，利其弱而无主，随，以向晦入宴息。

直译

——乘敌人内部发生混乱之机，利用他力量虚弱而没有主见的弱点，使他顺从我方的意志，就像人们顺随天时，天黑了就当入室休息一样。

——在浑浊的水中，鱼晕头转向，乘机摸鱼，可以得到意外的好处。

运用关键点

在调查性报道的采访中，鉴于身份一旦暴露采访即无法持续，因此要善于寻求一个『浑水』的环境，保护你的身份让别人无法发现，达到『隐身采访』的效果，这样才有可能排除干扰，摸到真正的『大鱼』。如何寻求和营造这个环境，要根据每一次采访面对的实际情况，作因地制宜的设计和安排。

实战案例㈠

《中国青年报》 2000/10/30

《我为什么要偷病历——一位普通病人的经历》

采访手记

告状电话打到了报社总编辑办公室

2000 年 10 月 30 日是后来引发诸多关注的《我为什么要偷病历》一文见报的日子，一大早一个来自文章所批评的单位宣传处长的电话打到了北京《中国青年报》时任总编辑李学谦的办公室，振振有词地举报本报记者今天刊发在报纸的文章根本就没有采访，尽管他不好对文章全部是事实的内容说三道四，但他咬住我“没有采访”这一条是想从根本上否定文章的“正当性”，甚至不言而喻地表明我这文章是从哪儿抄来的。

但实际情况是，在我与医疗事故的受害者一方已经多次接触并掌握了基本事实，但还缺与当事的医院，就是被批评一方见面的时候，恰好当地的电视台、晚报、晨报的记者都有兴趣去采访。在去采访的路上，我和同去的电视台同行私下先说好，到时就说我是摄制组的（因为电视记者采访通常不是一个人，机器加文字加出境主持一般至少三人），不要暴露我的身份。果然对方在正式开始接受采访前很精明，一个一个单位对人头，我很低调地站在摄像机的后面，就这样成了“省台记者”，从而麻痹了对方。

事后我知道，因被批评的这家医院在当地来头很大，当天去采访的几家地方媒体全部被“公关”，报道没有顺利发出来，而我成了唯一一个“浑水摸鱼”者。

文章刊发后被广泛转载，在全国引发了强烈反响，后续又有多家媒体对此事做了跟踪，众多媒体对这一带有传奇色彩的典型医疗纠纷案例的关注，特别是报道中受害者在医疗事故后身心都遭到伤害却告状无门、屡屡被医院暗算的遭遇，直接推动不久之后国家相关部门对处理医患纠纷的规则的重大改变，从原来的“谁主张谁举证”，变成了“举证倒置”，即一旦被举报，必须是被举报人拿出证据自证其清白，而不是过去规定的举报一方必须拿出证据，实际上弱势一方很多时候无法搜集到确凿的证据。

这样的结局，无疑对媒体人来说，是最值得欣慰的结果：通过报道推动社会看得见的进步！

2000 年 10 月 30 日

我为什么要偷病历

——一位普通病人的经历

本报记者 / 黄勇

合理的要求无法满足，我只好偷病历

我叫杨旭波，是一名虽然出院，但至今尚未痊愈的患者。1998 年 11 月 23 日，我因慢性结石引发的胆囊炎疼痛难忍，来到了合肥 W 医院接受治疗。这是安徽省内为数不多的三级甲等医院之一，我对治疗充满了信心。

此前，我听人说过，施行胆囊切除的腹腔镜手术一般三四十分钟就可完成，在医院住上四五天就可出院。但我却在手术床上三四个小时，中途还发生了胆汁泄漏，生命垂危，被迫做开腹手术清洗腹腔抢救，住院时间长达 17 天，到 1998 年 12 月 9 日才出院。我是带着一根从腹腔胆管直通体外的 T 形胆汁导流管出院的，给生活带来了极大的不便，尽管医生们手术顺利，但我却不禁对手术效果产生了怀疑。

在回家休养期间，我一边忍受着因身上带着一根管子带来的巨大不便，一边又托亲拜友，找到安徽省内的其他几家医院的专家们咨询，结果让我大吃一惊。

有人告诉我，我身体的造影片显示：肝胆总管有横断性缺损约两厘米，有可能造成“胆道狭窄”的终身残疾，并可能因胆汁流排不畅而危及生命。这些情况都是我在 W 医院手术后和住院期间没有听说过的。我对医院产生了怀疑。

我为什么要偷病历
——一位普通病人的经历

一切只有从原始的病历开始寻找答案。我稍一打听便知道眼下一些医院的情况，通过正规渠道，医院不可能让我看病历。

在与院方最初交涉的几个月中，我先后几十次去医院，结果碰了钉子。到后来，院有关领导专门在办公楼下派了门卫，一见到我，立即拦住。我万般无奈，开始悄悄地做工作。毕竟，这是涉及我一生身体健康的大事。

因为在税务部门工作，熟人多，我终于托人走关系，从 W 医院找到“内线”，将我的《门诊病历记录》从病历档案柜中偷拿了出来。

因为曾经在司法部门工作过，我知道证据的重要性。我将这份病历记录复印后，又专门到公证部门作了“此复印件与原件一致”的公证，盖上了公证机关的大印。

果然，这份 1998 年 12 月 8 日由院方填写的病历记录（下简称“病历一”）对我手术情况的记录与我出院后所作的造影显示结果不同。

“病历一”中说，对我“行腹腔镜胆囊切除术后，发现胆囊部粘连、解剖不清、胆囊颈部有结石嵌顿，遂决定行开腹手术……见胆囊颈部结石压迫肝总管，与肝管间形成内瘘，瘘口约 0.4 厘米，占肝总管周径约五分之一。切除胆囊后，于瘘处放置 T 形管一根，手术顺利……”

到底是自然形成的并不损伤胆管长度、不会有什么后遗症的“内瘘”，还是手术中因失误造成的后遗症很大的“缺损”，差别太大。

不“偷”病历，我将永远蒙在鼓中

“偷病历”的收获让我有了与医院交涉的底气。1999 年 2 月 4 日，我在掌握最原始病历之后与 W 医院院方谈话。由于一开始我就亮出了已看过的病历，做我手术的医生被迫给了一个“系误伤”的解释，并声明，“病历一上写的‘肝总管内瘘’是‘推测’的，现在讲的才是真实情况”。不过院方还是说，“肝总管绝对没有完全断，也没有缺损”，只是“机械损伤”。

由于我掌握了病历，并坚持说病历上的记录是医生亲眼看到后记录下来的，结果院方进一步辩解，说“出院病历是一位轮转的实习医生写的，未经主治医生核准，属院方的责任”，“器械损伤肝总管是事实，由于医生及时发现，弥补措施得力，未给病人造成严重后果，只能属于手术并发症，所以不应再追究医院责任”。

不可思议的是，W 医院院方尽管在与我的第一次交涉之后已部分承认了手术中的失误，但在我与他们交涉后，他们在给我原单位的一份《通报》中仍然这样说：“术中肝总管损伤、修复、放置 T 形管引流在原始病历中均有记载，不及时告诉病人及家属，不是为了掩盖事实真相，而是实行临时性保护措施，目的是保护病人，不增加病人的精神负担和困扰。”

所幸的是，我“偷”病历的经历还没有结束，我还要继续调查。

从 1999 年 2 月份之后，我利用每周去 W 医院例行检查、拿药、向医护人员说病情的机会，先后多次进了医生和护士的办公室，趁着他们外出查房或给其他病人配药，将院方先后几次改动的病历摘要等“偷”出医院，经过复印、公证后再偷偷放回原处。下面就是我的收获——

1999 年 2 月 5 日，院方在新的一份手术情况说明（病历摘要）中，“瘘口”的大小又发生了变化，从占肝总管的“五分之一”变成了“五分之二”，离真实又靠近了。

1999 年 2 月底，在我越来越频繁的交涉之后，院方在一份关于手术的补充说明中开始承认，“腹腔镜器械分离时，肝总管损伤”，并特地说明，“肝总管是在腹腔镜手术下所伤，开腹后，缝合修补肝总管裂口”。

1999 年 7 月 6 日，在上海东方肝胆外科医院的门诊结果是：“造影显示‘缺损’，肝总管横断吻合。”

1999 年 7 月 13 日，在我的强烈要求下，由 W 医院的医生带领，我在北京 301 医院做了检查，会诊记录上写道：“造影显示，T 形管位置肝总管连续性中断。”

1999 年 11 月 19 日，在院方出示的《关于杨旭波同志医疗情况的处理意见》中，情况又一次发生变化，“分离胆囊三角时腹腔镜器械致肝总管损伤，裂口约 0.4 厘米，约占肝总管周径的二分之一”，在真实的压力下，院方不得不一步步退让。

这些病历文件都是病人通过正常途径看不到的。数家新闻单位的记者今年以来先后三次赴 W 医院采访，医院还拿出他们自制的假的图片，以显示“是结石造成的内瘘，不是手术的原因”。

如果我不“偷”病历，一切都被蒙在鼓中。

不“偷”病历，我无法体会“知情权”的珍贵

我必须承认，“偷”病历的行为当然是不可取的。但是，即使这样，我的事情到现在还没有一个令人满意的结果。可以设想，如果不是“偷”病历掌握的情况，我就会变成哑巴吃黄连，有苦说不出。

“偷”病历的无奈经历让我深深地体会到，给病人必要的“知情权”太重要了。医疗本身应是一种服务，《中华人民共和国消费者权益保护法》第八条第一款规定：“消费者享有知悉其购买、使用的商品或者接受的服务的真实情况的权利。”按照目前医疗部门的有关规定，只有拥有正当理由，才能调阅医院病历，否则任何人无权调看。但究竟什么样的理由才是正当的？似乎并无定论。

在我准备诉讼的过程中，我的律师致函院方要求医院提供全部原始医疗档案的时候，却被拒绝。这就是眼下令人遗憾的现实：知情权成了一种“稀有资源”，作为一个普通的病人，除了以“偷”这样的特殊手段，无法实现自己的知情权。

究竟谁来监督和保证病人知情权的落实？现行的明显不合理、不合法的有关规定是否有修正乃至废除的必要？我和众多的病友都在等待着一个满意的答案。

新闻三十六计

第二十一计

金蝉脱壳

“满口答应”后迅速办离店手续

金蝉脱壳

第二十一计

原文

存其形，完其势；友不疑，敌不动。巽而止蛊。

直译

保存阵地的原形，维持其强大的声势，使友军不会怀疑，敌人也不敢贸然进犯。在敌人迷惑不解时，我们可暗中转移主力，去打击别处的敌人。

运用关键点

金蝉脱壳是逃，而走为上计则是退。前者被动，后者主动。同一件事，『东窗事发』或身份暴露前主动走，就是走为上计；事发之后或身份暴露之后，通过一些手段巧妙地逃脱，就是金蝉脱壳。金蝉脱壳是战术层面的逃，往往需要一些巧妙的手段，也就是『壳』。而走为上计是战略层面的退，没有什么手段，更重要的是把握时机。因此，后者的境界更高。很多事，如果『走』在身份暴露或真相大白之前，就不用耍前三十五计了。在卧底采访、暗访中如何及时撤退，防止露馅？都需要在目的达到、任务完成之后能选择最佳的时机撤退。但也有很多时候，我们按照采访公平公正公开的基本要求，必须与当事方见面，一旦身份亮明，就有可能遇到纠缠、公关等各种阻碍采访正常进行的局面，这时就需要采用『金蝉脱壳』的手段尽快脱身，尽快公开新闻。

实战案例㊀

《中国青年报》 2004/8/4

《湖北：『赌博书记』的咏叹调》

采访手记

“满口答应”后迅速办离店手续

采访时任湖北罗田县委一位领导的豪赌事件。到最后一关，必须和县里的相关部门见面。在公开采访亮明身份的情况下如何很快走掉，以防对方公关。这时需要的是急中生智的计谋。

首先必须稳住对方。我这一次选择的方法是“满口答应，衷心感谢”，且约定晚上吃饭的时间，然后从放下电话的第一分钟开始准备撤退，因为入住的时候填的身份就是“虚拟”的，所以也避免了对方有可能提前设卡，顺利在十分钟之内办完退房手续，坐上从宾馆去往长途车站的出租车。

等到邀请吃饭的电话再次响起来，我已在从当地前往武汉的大巴上，路程已走了一半。我很抱歉地编造了一个“美丽的谎言”——单位有急事要求尽快返程。

实际上当晚，我就在毫无干扰的情况下，在武汉的驻地完成了半个版的文字报道，第二天稿件见报。

2004年8月4日

湖北："赌博书记"的咏叹调

本报记者 / 黄勇

郑德田是湖北省原罗田县委常委、政法委书记，在境内外赌博输掉50余万元积蓄和公款，现已被开除党籍、撤销职务，移交检察机关。郑的4个副县级"牌友"也相应受到处分。

8月2日傍晚，记者几经周折，终于找到正在家中的郑德田，对他进行了独家采访。

"好多比我赌得大的人，还有贪污公款赌博的人，问题比我严重得多，都没有受处分"

记者（以下简称记）：你最近还好吗？

郑德田（以下简称郑）：（好一阵长吁短叹）别提了。

记：近期外界纷纷传言，说你已被黑社会从看守所中抢走并绑架勒令退还赌债，还说你已与结发妻子离婚。为还巨额赌债，家中所有值钱的财产已全部变卖，妻子流落街头摆小摊。

郑：（和一边的妻子同时面露尴尬之色）怎么会有这种传言？经过一阵风雨，我在家安心闭门思过已经很长时间。有些朋友要拉我出去钓鱼、玩玩什么的，我也没什么心思。

记：你因为赌博被开除党籍，撤销职务，对此，你怎么看？

"赌博书记"的咏叹调
贫困县走俏顶级麻将
赌场里的官场失意者部落

郑：自己确实有毛病，赌得太厉害了。作为党员干部，是不该这样。特别像我这样身份又特殊。但几十年的老党员就这样给废了，把人搞得太狠，应该惩前毖后、治病救人。

记：那你觉得怎样处理比较合适？

郑：我打牌用的都是我自己的钱，是我自己的事情。借的公款都有欠条，账目很清楚，又不是不还。就那么一点欠款的问题，顶多给个留党察看处分。好多比我赌得大的人，还有贪污公款赌博的人，问题比我严重得多，都没有受处分。

"在罗田，凡是跟我打过牌的人都说我的牌德好。有些朋友看我输得多，主动给我钱玩"

记：听说除了赌博之外，纪检部门对你评价很高？

郑：（眼光一亮）我感到最欣慰的就是，他们说我是个廉洁干部，在罗田任职期间没有一封举报信，没有任何经济问题，从来不贪不占，既不受贿，更不索贿。在罗田，凡是跟我打过牌的人都说我的牌德好。我以前不喜欢打牌，学会打牌的时间不长，牌技不行，不会绕弯子，所以输得多。

旁白：（罗田的一些干部总结郑德田打牌有以下几个特点：一是瘾大，别人只要邀赌，都欣然接受，甚至不惜因此屡次错过县委常委会。一旦自己想赌，千方百计避免"三缺一"，有时甚至不惜自己付账邀别人来凑数。二是尽管身居县城高官位置，却对牌友身份不讲究，对"平民"牌友来者不拒。三是一旦输钱，兑现很爽快。四是输钱再多也不害怕，愈挫愈战。）

记：你欠的钱现在还了没有？

郑：已经还了 3 万多元的公款欠账，到本月底还清全部欠账。到时候我就无债一身轻。

记：要是早贪一点、占一点，是不是就不会欠账了？

郑：那当然。我在县里分管农业工作多年，在镇上当过党委书记，要是贪，还用跟别人借钱？我在基层工作时，一看到老百姓家里穷，马上就掏钱，最多一年就掏出好几千元。不过好在有些朋友，他们看我输得多，主动给我钱玩，邀我玩。

旁白：（据罗田当地几位官员的不完全统计，接到过郑德田借钱电话的县干部，接近三位数。一位副县级干部透露，他曾在去年底的一个深夜接到过郑从澳门打来的紧急求助电话，并连夜从家中拿出两万元汇到了远在珠海的一个神秘的账号上。）

“不让我当官，我不抱怨，但关键是为什么组织上定好的事情也能随便更改？真让人灰心”

记：有些官员打牌，完全是想让人家行贿。

郑：我从来不干这种事情，我们一般就是打牌，输了我很快掏钱。

旁白：（郑德田赌博也有赢钱的时候。罗田一位县干部告诉记者，他第一次与郑德田赌博，四个小时不到就输掉了 3000 元钱。尽管他本人不愿意参加，但郑是县委常委，亲自出面邀请，自己不好“抗命”。罗田县一位科级干部在升迁过程中曾得到郑德田关照，因为他的牌技较高，经别人举荐，他在还没有升官之前就与郑德田一起赌过，几次负责“点炮”，最多的一次输给郑德田好几万元。）

记：你分管县里的农业工作长达 5 年，据说功劳很大，呼声很高，正常情况下你是能当县委副书记的？

郑：我最气愤的就是这件事。连一位现在是省里干部的老领导见了我都说，你现在至少是县委副书记了吧。我说就是个常委，人家都说我委屈。1998 年换届，市里一位领导找我谈话，正式承诺的职务是“常务副县长”，我也很满意，一切似乎铁板钉钉。但让我意想不到的是，几天后正式公布的结果却是让我担任政法委书记，而一同担任副县长的一位同事却当上了县委副书记。不让我当官，我不抱怨，但关键是为什么组织上定好的事情也能随便更改？真让人灰心。

新闻三十六计

第二十二计

关门捉贼

对刑前马加爵的采访

关门捉贼

第二十二计

原文

小敌困之。剥，不利有攸往。

直译

关起门来捉进入屋内的盗贼。意思对弱小或者数量较少的敌人，要设法去四面围困（或者说歼灭）他，断其后路，即时消灭，而不利于去急追不舍，或招致拼命反扑，或中诱敌之计，反而得不偿失。或是让敌人得以脱逃，情况就会更加复杂。

运用关键点

创造或利用采访对象被『关起门来』，没有任何外界干扰或心无旁骛的单纯的环境，迅速整合资源实现第一时间完整采访，拿到最有价值的、全面的第一手素材，才有可能对采访对象（人物、事件）进行深入全面的挖掘，使新闻价值最大化。

实战案例㈠

《中国青年报》 2004/6/18

《刑前马家爵：『没有理想是我人生最大的失败』》

采访手记

对刑前马加爵的采访

先说说写这个报道的记者崔丽，她是我的同事，曾当选《中国青年报》法治首席记者，辽宁沈阳人，1991 年毕业于辽宁大学中文系，后考入中国政法大学读第二学位法律专业。她是 1993 年 7 月进入《中国青年报》工作的，先后在国内政治部、法制军事特刊等部门任职。采访马加爵的时候，她正在国内政治部，跑公、检、法、司等政法线的她，积累了一定的资源。

按她的说法，当时马加爵被抓，关押在看守所里，是公安和法院方面管，她主要是从法院这一块接触到的。采访的当口，是马加爵已经被判死刑，正在等待对他的死刑复核。崔丽抱着试一试的心态，先按部就班，写采访提纲、等待审阅和批示。

后来，就在马加爵快行刑之前，崔丽接到电话，让她尽快赶往云南。

为什么会同意《中国青年报》的采访呢？崔丽是这样解释的，首先是基于《中国青年报》这样一张报纸，青年人的报纸，马加爵也是青年人，还是个青年大学生，他的犯罪轨迹和心理状态值得挖掘，应该给社会敲响警钟。另外一方面，崔丽说，这也是有关方面对其信任，相信这个重大任务一般人也许驾驭不了，才最终同意。

我想补充一下我的看法，其实，崔丽能成功采访马加爵，无外乎我之前就提到的两个原因：一个是平台，《中国青年报》，团中央机关报的背景，中央级大报、老报，有影响，公信力高，我想，这也是全国媒体都虎视眈眈地瞅着马加爵这块肥肉，最终有关部门给了《中国青年报》的一个原因。

另外，崔丽跑中央级的政法线，有自身的优势，近水楼台先得月，只要她跑这条线跑得好，积累了一定的资源，那采访要求获批就没多大难度了。当然，崔丽的勇敢，也是不能忽视的。很多记者，都是自己给自己加上枷锁，认为采访难度会有多大，但实际情况往往并非如此，所谓最危险的地方也是最安全的地方，有时候还真是如此。

崔丽说，采访获批算是成功了一半，但采访是否成功，还是一个很大的考验。我注意到，她在采访前，做了大量的准备。

首先，在等待过程中，崔丽一直没有懈怠，按她的话说，“神经的弦始终绷得紧紧的，随时准备着”。崔丽看了很多与马加爵有关的素材，我认为，这也是她在对话中，能问出好多有意思的细节的重要原因，比如，狱警为马加爵过生日等，这些细节往往又能缓和或者调节对话现场紧张的气氛。这也再一次说明一个经验，对话类题材，事先的案头工作非常重要。

其次，崔丽的采访提纲反复修改，问题列得非常详细。在《新法制报》的时候，一个老总曾对我说，他在采访黄金高时，问题罗列出了上百个，尽管最后真正问到的问题不到十分之一，但这些前期准备，可以做到有备无患。

同时，崔丽另外的两个做法，我觉得有借鉴意义。她见到每一个同事，都会像祥林嫂一样，问对方：如果是你采访马加爵，最想问的问题是什么？她还专门打电话给公安大学犯罪心理研究专家，向专家请教。

问同事，我倒是做过。但请教专家，这也是一个方向。专家从专业层面，我想，一定能提供另外一个视角的问题。这一点值得学习。

尽管独家对话在社会上引起巨大反响，但实际上，崔丽仍觉得那篇对话有遗憾之处，当然，这是因为对自己比较严格的要求所致。对话时间有限，我想，是大多数记者都面对的难题。这就考验一个记者在有限的时间里，把握节奏，问出关键性问题。

最后，我想说的是，崔丽是个女记者，在问到马加爵有关校外的性经验时，因为心理障碍，还是没有追问下去，成为之后的一大遗憾。如何突破当事记者的心理障碍，也是很多媒体人遇到的难题，我也遇到过不止一次，作为一个男记者，去采访被强奸和遭威胁的女生，问到一些关键的问题，往往自己会先脸红，然后转移话题。

一篇成功的对话，肯定需要全方位的努力。崔丽对话马加爵的经验，值得学习。（转自《新闻民工的微博》）

2004年6月18日

刑前马加爵："没有理想是我人生最大的失败"

本报记者 / 崔丽

6月15日下午，距离马加爵被执行死刑不足48小时，在云南省昆明市第一看守所中，本报记者对他进行了独家专访。

记者（以下简称记）：你还记得收到一审判决是在什么时间吗？

马加爵（以下简称马）：上法庭是在4月24号，我收到判决书应该是在4月28号。

记：算下来，至今已有一个半月。在看守所的这段时间，你每天想得最多的事是什么？

马：（沉默良久）想得最多的，还是以前的生活。家庭生活、大学生活、同学，就是觉得以前的生活很美好。

记：这段时间在你的人生中，是比较特殊的时期。你能否概括一下这段时间的心理感受？

马：有时候很感动，因为在看守所里，管教干部和领导都对我很好。像我这种人，他们还能这样对待，很不容易。同时，我也很后悔做了以前的事。

记：听说，看守所的干警给你过了一个生日？

马：（面色立刻轻松下来，笑）是的。干警给我买了一个蛋糕。小时候在家里过生日，吃的就是鸡蛋。按照我们本地的习俗，一般都是年纪大的人才过生日。我不注重过生日这种形式，在大学里没有过过生日。

（不由自主重复了一次）真的，你问我这段时间想得最多的，真的是从前的生活，很美好，很自由。还有，想起从前的自己什么都挺不错，不错。

记： 你对自己哪些方面比较满意？

马：（沉吟）对家里来说，我可以说是比较懂事。在学校，也还算一个好学生。学业一般。

记： 为人处世、人际关系如何？

马：（语气轻松）还是可以的。平时与同学的交往还是挺多的，很少闹矛盾，很少发生口角。

记： 你在班里属于活跃分子吗？

马：（笑，自嘲地）我？不算。

记： 你有哪些方面的特长，能引起班上同学的注意？

马：（羞涩，笑）同学可能觉得我身体好，打篮球不错。很多男生喜欢和我一起打篮球。其他方面，我想不起来有什么。

本来想去植物研究所工作

记： 从农村到省会上大学，自己心态上有不平衡吗？

马：（眉头锁住）怎么说呢，我们班一个班主任差不多带 110 个人，农村来的差不多占一半。我也不算贫困嘛。且不论这些，我没有因为来自农村而感到难过，没有什么被别人看不起的感觉。

记： 媒体在分析你的案件成因时，有的说是因为你家境贫困，有的说是因为你性格上的问题，与人交往封闭，你怎么看？

马： 可能后面一句话说对了。说到贫困导致的压力，这倒没有。当时那一段时间，我正在准备毕业，找工作，我对未来还是充满信心的，觉得找份工作对我来说不成问题，没有感到就业的压力。学校组织的招聘会我都去了。只不过觉得自己不急嘛，还有半年才毕业，如果不发生这件事的话，按计划，一开学就应该写论文。

记： 你论文的方向是什么？

马： 微生物方面的。

记： 你理想中想找一份什么样的工作？

马：我要求也不怎么高。月薪？（笑）这倒不一定非得多少。我想去植物研究所或制药公司、企业一类都可以，如果实在不行，不要求专业的那种岗位也可以去试一下。反正工作方面，我倒是不担心、不发愁的。

记：你每天在看守所里怎么过？

马：早上 7 点半起床，吃过早点，看看书。主要看故事书、人物传记。看了一本《东条英机》，（赶快解释）不是我借的，是别人借的。哎，也不怎么想看，反正打发时间呗。

我尽量避免去想问题，不想想太多。反正事情已经到这个地步了。（目光迅速暗淡下去）

杀第一个人时很慌，有种失重的感觉

记：以前在学校有失眠情况吗？

马：（疑惑）失眠？从没经历过。

记：你什么时候开始失眠？

马：这件事发生后，开始失眠了。

记：你杀第一个同学唐学礼时，是什么心态？

马：（两腿一抖，脚镣发出一声脆响）很慌啊！有种失重的感觉。

记：失重？是指你失去自我控制的能力吗？

马：（很认真地想）不能这么说，我头脑还算清醒。

记：你是想通过杀人发泄什么？

马：恨，反正那段时间真的是很恨他们。就是因为打牌，之前没有什么。

记：你并没有和唐学礼先产生冲突，为什么对他先下手了？

马：（不假思索）这个不是先后的问题，而是下手的机会来了，他恰好那时在寝室。那个时候如果不是唐学礼，而是邵瑞杰或别的什么人，结果也会是一样的。没必要分清谁先谁后。

记：你举起铁锤，就因为玩牌时拌了几句嘴？

马：（双手紧搓）他们不光说我打牌作弊，而且说我平时为人怎么怎么样。他们说的与我一直以来想像中的自己很不同，我恨他们。

记：你认为自己是个真诚的人？

马：我平时对人蛮真诚的。

记：有没有想过去和他们谈谈，交换一下看法呢？

马：（摇头）没想过，不可能的，当时只想到恨。你刚才讲，人家分析我杀人的原因时说到我的性格，现在想，可能还是因为我的性格吧。

记：你分析一下自己的性格特点，封闭的？还是较开放的？

马：（沉吟许久）我还觉得有点开放呢。要我总结自己还真总结不出来。

记：你是一个愿意与别人沟通的人吗？

马：我觉得是愿意的。

记：你感觉别人愿意与你沟通吗？

马：怎么会不愿意与我沟通呢？

记：你现在能解释自己当时的行为吗？

马：当时想得很少，就是充满了恨。

记：你的恨并非一下爆发。办假身份证、买铁锤、火车票等等，你为作案和逃跑都作了准备。

马：那段时间每天都在恨。必须做这些事，才能泄恨，至于后果是什么，没去想。

记：孩子都懂得“杀人偿命”，你没想到这点？

马：这我知道。我已准备付出这个代价。

记：不惜以自己的生命作为代价？

马：（头深深低下）是。只是没想到对其他人，包括对自己和同学的家属、对学校，会造成这么大的影响。

记：你当时杀人后，为什么蒙上塑料袋？

马：（沉默，抖动）因为杀邵瑞杰时，他在看着我。他的眼睛是睁着的。

记：那时你感觉到的是什么？

马：（沉默，搓手）恐惧。但我已经没了选择，只有去杀剩下的。

我对自己都不重视，所以对他人的生命也不重视

记：你逃亡海南时，给家里人录完音后，准备再去滥杀无辜？

马：（语气急促地）是有这种念头。因为我觉得，那种逃亡的生活不能再

过，要赶快结束。

记：是一闪念吗？

马：（眼神飘忽不定）不是，持续了一天。当时只想随便买把刀，然后去街头乱砍人。

记：是什么最终阻止了你的念头？

马：（停顿）一种对家里人的思念。还有，我不想做社会的罪人。

记：被警方抓住时，你为什么要去看通缉令？

马：是因为被抓住后感到释然，有种突然解脱的感觉。那种逃亡的生活实在是过不下去了。捡垃圾、吃冷馒头不觉得苦，主要是心理压力太大。

记：是想到要被抓到的压力？

马：（搓手）也有要面临后果的压力。更主要是来自对自己的惋惜，觉得自己一个好好的人，就这样废了。觉得很痛苦，还不如早点了断了。

记：你不觉得自己矛盾吗，一方面重视、在意自己，另一方面又想轻易了断自己。是对自己太重视，还是太不重视？

马：话不能这么讲。因为对我来说，什么都不可能了，所以也不会有矛盾了。

记：你读的是生命科学专业，喜欢吗？

马：说不上喜欢。我喜欢计算机软件设计。

记：四个年轻同窗的生命在你的铁锤下消失了，你对生命有过敬畏感吗？

马：（茫然）没有。没有特别感受。我对自己都不重视，所以对他人的生命也不重视。

记：学校有没有开心理辅导课？

马：没有。听说有心理咨询机构，我没去过。没听说谁去过。

记：平时你和同学们遇到不开心的事，如何排遣不良的灰色情绪？

马：就靠自己。

记：这次为什么选择用杀人的方式发泄？

马：（没有回答）

记：你是在用沉默来逃避吗？

马：（长长吸了口气）当时我真的迷失方向了，觉得不知道该怎么生活下去了。因为我当时觉得自己做得蛮好，明明不错，别人却觉得我不好，往后不知该怎么做。于是，就有点想不开，自己不想活了。又想我之所以会这样，是他们三个人造成的，就恨他们。

记：如果这时候有人帮你一把，听你说说话、倾诉倾诉，那天的事会避免吗？

马：（点头）如果这样，我想后来的事是不会发生的。吵完架散伙后，我一个人躺在床上，没人发现我情绪不好，我找不到人去说话。

成长中没什么特别的经历对我造成伤害

记：在父母眼中，你是个懂事的孩子，在老师、同学眼中，你是个正常的学生。很多人至今都不理解你为什么做这样的事。在你的人生经历中，是否发生过对你伤害特别严重的事？

马：（沉思许久）我觉得没有。可能有些人会以为出走贵港的经历对我影响大，事实上，大学 4 年中，这件事对我并没有什么影响。直到有媒体问我，我才想起这么一回事。成长中没什么特别的经历对我造成伤害。

记：有媒体报道说，你知道父亲对母亲不好后，在日记中曾动过要杀父亲的念头，是这样吗？

马：小时候写过日记，想不起来了。（突然，裂嘴一笑，反问）这么一说，我小时候就定形了？我小时候就开始想杀人了？这怎么可能？太奇怪了。我认为事实不是这样的。是不是日记中这样记过，就不知道了。

记：你作案后，你的父母和姐姐去被害人家的院子里长跪不起，替你谢罪，你如何理解亲人的行为？

马：（干咳，抽鼻子）我觉得他们是好人。但也不能说是替我谢罪，他们是自己就觉得对不起受害者。我也觉得对不起受害者，但觉得父母不应该这样，下跪的人应该是我。

记：你曾说过“人间最重要的是情”，你现在如何理解“情”？

马：这种感情我觉得能让人心里踏实。还有，说不出来，不知道。

记：有牵挂吗？

马：（眼里有光一闪）牵挂？！刚才我就是想说这句话，只是我怎么形容这种牵挂呢，有亲情就有牵挂，也是一种责任。

记：如果你有机会向受害人的父母表示歉意，会用什么方式？

马：我也不知道。他们不会因此而获得什么安慰，不会的，我做什么都没用。

记：可是不去做，是不是更是一种伤害？

马：可能吧，如果让我对他们作出补偿的话，我想说，我真的很对不起他们，他们的儿子是没有错的。罪恶的人是我，希望他们能够保重。

很多大学生的生活是失败的

记：你知道李开复吗？微软全球副总裁，他对你有过一句评价：马加爵不应该是一个邪恶的人，而是一个迷失方向、缺乏自信、性格封闭的孩子。他和很多大学生一样，迫切希望知道如何才能获得成功、自信和快乐。这也是你的追求吗？

马：（脱口而出）不是我追求的。所谓追求，是还没有达到的。我认为自己挺自信，不能说追求自信。至于成功，我平时对未来看得挺开的，找工作的事情从不担心。快乐嘛，这有什么，平时也蛮高兴的。

记：你理解的成功的标志是什么？

马：说不上来，反正也不比别人差。（又想了想）你这样一问，我也觉得自己不怎么成功，没什么特别的。自卑？是某些方面不如人，才会自卑。我没有什么方面特别不如人意，只能算是个普通人。不是成功，也不算是失败嘛，这在于一个人的心态。你认为满足就满足，我认为自己平时挺满足的。

记：事情的发生，改变了你的这些想法？

马：（立刻有些消沉）肯定改变了，是失败了。我觉得没有理想是最大的失败。这几年没什么追求，就是很失败。

记：这个问题可能很大，但每个人必须给出自己的答案，活着才能有意义。你觉得人生的意义和价值是什么？

马：（抬起头看着记者）活着的价值为自己是有的，但应该更多的是为别人。以前没去想过这些问题，现在意识到了。

记：你有偶像吗？你崇拜什么人？

马：（笑）你指周星驰？不是。说崇拜的没有，我比较喜欢的是金庸《射雕英雄传》里的郭靖。

记：喜欢他什么？

马：有民族正义感，老实、诚实。最重要的是他的锲而不舍。他练功笨，为证明自己行，就不停地练。我缺少他那份锲而不舍的精神。我平时比较懒。

记：知道家里人为什么给你起名“加爵”吗？

马：（笑）名字是我爷爷起的。他那一代还很封建，希望我当官发财。但官和钱不是我的理想。小时候想过当科学家，长大后就没有什么理想了。

记：为什么上了大学，有了知识、能力来实现理想时，理想却没了？

马：（晃腿，镣铐声响）不知道。理想这个词，可能在初中就消失了。理想很重要，后来不知道为什么，我成为没什么理想的人了。

记：你想过大学生也应该承担一定的社会责任和义务吗？

马：这个问题以前没想过，来看守所后，经常想。我觉得很多大学生的生活是失败的。平时，我与周围的人，浑浑噩噩过日子。学习不怎么努力，也没有想过为社会国家作什么贡献。想到的、关心的都只是自己的那点心事。

我现在觉得一些大学生应该感到惭愧。毕竟，政府在每一个学生身上的投入都是很大的。但是，我觉得很多大学生根本没有意识到这一点，作贡献、奉献想得少，想到的都只是自己。

以前不觉得，现在回想起来，在大学，很多学生没有什么更高的追求。甚至有些人考研，也不是为了什么学术上的贡献，只是为了讨一份生活。

记：如果把大学生与有社会责任、承担义务、乐于奉献相联系，你觉得这会显得挺高尚吗？

马：（果断地）不是高尚。我觉得这很实在。我觉得这样的话，一个人会非常充实。不能用高尚来形容，只能说是信念。有信念的人活着才会快乐。

像我以前在大学时，如果找工作不算一种追求的话，就没什么追求了。以前嘻嘻哈哈得不觉得，现在回想起来很失败。

记：胸无大志的人，会很容易陷入琐碎的小事之中，斤斤计较。

马：你说得很对。一般人不会在乎这种小事。

我是一个不可饶恕的人

记：能回想几个人生难忘的镜头吗？最快乐的事、最感动的事、最后悔的事？

马：考上大学最让我快乐。（轻轻啜泣）最感动的事是叔叔对我的关心。上大学时，有一次，他送给我一个笔记本，要我好好学习，为家乡争光。我是很感动的，可是我辜负他了。还有，高中时，我去贵港，回来后，班主任找我谈话，让我放下包袱。就那一次谈话，让我很感动。最后悔的事，是这件。

记：你谈过恋爱吗？

马：没有。

记：有暗恋的女孩吗？

马：（裂开嘴笑了）多了，高中大学都有。我没有表示过，她们都不知道。找女朋友？以后可以找更好的。

记：你喜欢浏览什么网站？

马：军事、流行音乐、游戏。（顿了一顿）还有很多黄色网站。

记：有性压抑吗？

马：没有。

记：你有过性体验吗？

马：体验？常有。（有些语无伦次）真实的？有好多次，在校外。

记：如果时间可以倒转，如果人生有重来的机会，你希望自己成为什么样的人？

马：（想了许久）希望自己成为一个献身科学的人，专门搞学问。希望不要那么冲动，有什么心事可以向别人说说。

记：如果你能有机会再见一个人，你最想见谁？

马：我的家人我都想见。

记：你为什么一直坚持不上诉？

马：（沉吟）我也想惩罚我自己。

记：在这起案件中，谁是最大的受害者？

马： 我的家人。

记： 他们损失了什么？

马：（抽泣）他们没有了希望。我是他们的希望，受害者的家庭也一样。

记： 你愿意通过自身的经历，告诫人们应吸取哪些教训？

马： 希望每个人都能宽容别人，应多有社会责任感。这方面很多人做得不够。

记： 你有什么话要对父母说？

马：（面色凝重，一字一顿）我希望我的家人能够好好保重自己，关于我的事情，希望他们不要多想，过去的就让它过去吧。还有，四名受害者家属，我也希望他们能够看开一点。反正事情已经无可挽回了，我也受到惩罚。我很想为他们补偿些什么，但是已经不可能了。我希望我的家人，在为我伤心的时候，请他们也同时想到受害者的家属，明白我是一个不可饶恕的人，不应该为我伤心。其他没有什么想说的了。

记： 你还想对同龄的大学生们说些什么吗？

马： 大学生不是“天之骄子”。以前我认为是，现在很多大学生不配“天之骄子”的称呼。确实，他们可能比平民百姓知识水平高。但他们还有更多更大的空间没有抓住，没有去珍惜。希望每个人都过得充实一点，有所追求。

第二十三计

新闻三十六计

远交近攻

“赌博书记”案件的采访次序，长考了一天

远交近攻

第二十三计

原文

形禁势格，利从近取。害以远隔，上火下泽。

直译

在受到地势的限制和阻碍时，先攻取近处的敌人有利，越过近敌先去攻取远隔之敌是有害的。烈火向上燃烧，而洪水向下奔流，万事万物的发展变化莫不如此。

运用关键点

此计关键是分清与我方距离远近的对方的各个部分，防止对方形成联盟，千方百计去通过分化，实现各个『击破』，消灭了所谓的『近敌』之后，所谓的『远交』的对方又会成为新的攻击对象，最终彻底消灭对方，实现全部的目的。

实战案例㈠

《中国青年报》2004/8/4

见第二十一计《湖北：『赌博书记』的咏叹调》

采|访|手|记

“赌博书记”案件的采访次序，长考了一天

《湖北：“赌博书记”的咏叹调》一稿的惊险成功，首先是大的采访思路的成功，“远交近攻”之术在采访中得到了难得的运用的机会，印象中这也是唯一一次在采访中的实战运用。

在具体操作过程中，有两个环节，一个是外围采访，一个是与其本人的直接对话，才有了后来的一个整版的重磅篇幅。

外围采访的成功，能最终尽快摆脱干扰，靠的是“金蝉脱壳”。这是一些年轻记者在采访中经常遇到的麻烦。（当然如何摆脱干扰，根据具体的采访任务的不同和实战的不同形式，还有其他的计谋。如《我为什么要偷病历》，用的是“浑水摸鱼”之术，确保重要的事实——病历是否真的发生了改动。医院说出了实情。）

而具体的外围采访的顺利进行，则靠“远交近攻”之术，先从当地与“赌博书记”交往较多的非主要岗位领导官员开始采访，考虑到他们不在主要领导岗位，相对顾虑较少，对记者的戒心也相对较小——实际上就是与记者心理距离较近的一方，而且采访的时间拟定在周末休息的时候，地点选择在办公室，一是回避工作日可能会有同事在场干扰，二是在办公室可回避其家人，防止采访被“势利”的家人阻拦。当我按照这样经过深思熟虑的安排，与对方商量并

君子协定保证在报道中绝不透露其真名之后，对方果然也心领神会，不仅愉快同意了采访，感受到我对他的保护，也在隐蔽而又私密的环境里说了很多平常想说又说不出口的知心话。

事后采访进展顺利，这一经过慎重考虑确定的策略的确定太关键了，也太有难度了——要靠阅历和经验的判断，如果没有这样缜密的考虑，一旦首先与“赌博书记”或当地主要领导接触，违背“远交近攻”的基本程序，采访必以失败或中途卡壳结束。我一个人闷在宾馆里（千万不要以为出差待在宾馆里是多么舒服，如果事情没有进展，而你又不得不困在房间里的时候，那就是真正的煎熬。煎熬的过程是痛苦的，但结局却是值得回忆的）翻来覆去思考了几乎一天，又等了整整一个晚上，终于到了周六的上午，采访才算大功告成。

与相对较为配合的非主要岗位官员的交流，实际上又获得了能与“赌博书记”本人接触的更多宝贵的信息，比如家人的信息、家属的信息等，后期的突破正是因为知道了这位“赌博书记”夫人的工作单位，通过查找单位宿舍和据此寻找家庭电话，为最终的采访突破打下了良好的基础。

（实战案例见第二十一计“金蝉脱壳”中的实战案例）

第二十四计

新闻三十六计

假道伐虢

用勇敢、诚恳的职业精神完成的“主动等待”

假道伐虢

第二十四计

原文

两大之间，敌胁以从，我假以势。困，有言不信。

直译

借一个理由（一条道），去攻占一个国家。虢，是春秋时的一个小国。即借口向对方借道，最终消灭对方。在军事上的具体运作是：甲方遭到乙方围困后，我方以为甲方解困的理由，先借道甲做跳板，去消灭乙，达到目的后，回过头来连甲一起消灭。

运用 关键点

『以逸待劳』最终的成功，很重要的一个环节是取得对方的信任，处在『困境』中的对方，因为有形无形的压力，不敢说出真相，需要我们不能只做空口允诺，必须拿出搞清事实真相的实际行动，最终得到对方的信任。不是军事上消灭对方的意思，而是最终获得全部的事实真相。如何主动地『等待』，拿出让对方信任的实际行动，就是『假道伐虢』最终实施成功的核心要务。

实战案例㈠

《中国青年报》 2006/7/24

见第四计《咸宁医学院违规扩招内幕调查》

采访手记

用勇敢、诚恳的职业精神完成的“主动等待”

咸宁医学院非法扩招事件的采访，进展缓慢，让人有点意外。每每到了临门一脚，眼看着能拿到一两个关键证据就可以立即结束采访的时候，线索就断了，就像一次次走上断桥，看着不远处对岸的风景就是过不去，只能徒添无奈。

采访终于结束之后的“复盘”，这个事件线索的提供者（上文提到的“甲方”）——一群勇敢而又不缺乏机智的学生告诉我们他们的心路历程后，才让我们最终释然——他们担心我们动机不纯，在采访进行的途中就会把他们“出卖”给校方（上文提到的“乙方”），换取我们吃广告回扣、拿红包等等好处，让他们成为牺牲品——过去他们遇到过或者听说过有这样品质低下的媒体人或新闻掮客，通过接触这些负面事件中饱私囊。因此他们要观察我们，判断我们的“成色”——到底是不是真正的出手救援的仗义者！

因此，在事件最终水落石出、我们拿到最重要的校方违规收费证据之前，他们几个小机灵合计着两次“指兔子”让我们逮，一会儿让我们采访几个正直的老师，顺便让这几个老师也帮着判断我们是不是“大大的良民”，我们在极易暴露的情况下每天利用晚上时间到老师家中暗访，连续干了将近三个晚上；一会儿又让我们采访几个对事情内幕的知晓情况实际上还不如他们多的同学，让这些同学一个一个悄悄地来到我们所驻扎的城郊接合部的小宾馆，观察我们对了解事实真相的努力程度，通过三四天的考验，当看到我们锲而不舍而又无比焦虑的状态，算是终于通过了他们的“诚信测试”。第六天，一个曾经与我们见过两次面的“老熟人”——掌握最重要证据的学生和他的女朋友——证人，来到我们的驻地，并带着我们到了乡下的家中，拿出了校方违规收费的收据原件。

我们就这样，用勇敢、诚恳的职业精神完成了主动等待，完成了“假道伐虢”必须完成的核心要务，全方位获得了校方违规操作的所有真相，同时更赢得了这些勇敢举报的大学生的信任——更多的是对媒体公信力的认可。

（实战案例见第四计“以逸待劳”中的实战案例）

偷梁换柱

新闻三十六计

第二十五计

假扮他在北京的一个老朋友

偷梁换柱

第二十五计

原文

频更其阵，抽其劲旅，待其自败，而后乘之，曳其轮也。

直译

多次变动敌方的阵容，暗中抽换他的主力，等待他的失败，然后趁机控制或吞并他。这就像拖住大车的轮子，就能控制大车运行的道理一样。

引申义

暗中使用手法，以劣代优，以假代真，以达到目的。

运用关键点

①这是采访中一般不常用的。记者不仅要隐去真实身份，还要假扮别的身份以便于采访顺利进行。当然这也是一种相对高端的采访技巧，因为要成功地偷梁换柱，不被对方识破，实际上很不容易。一些时候对记者本人来说，甚至要冒很大的人身安全的风险。

②要注意的是，假扮身份必须是为了公共目的——为了向公众披露涉及公共利益的事件的真相，而不是借新闻工作之便徇个人或小团体的私利，这是必须坚持的最重要的原则。这也是法律底线。

③假扮身份的底线是要不能破坏公序良俗，有伤风化。这是道德底线。

实战案例㊀

《中国青年报》 2004/8/4

见第七计《湖北：『赌博书记』的咏叹调》

采访手记

假扮他在北京的一个老朋友

通过查阅公共电话，能找到当时陷入舆论旋涡中的“赌博书记”的家，已经非常不容易了。但如果进门之后仍然是以记者的身份，对方肯定是顾虑重重，啥也不会说的。去湖北之前了解到的一个重要线索这时突然浮上心头——他在北京有一位没有见过面，但曾经多次打交道的老朋友。

这恰好可以作为假扮的对象——没见过面，不至于见面“穿帮”；过去有交情，这次听说有情况，正好上门“问候”，说说和别人难说出口的知心话。

就这样，我在内心多少有些忐忑的情况下，走进了他的家门，从这次案发聊到平时，再聊到他之所以迷恋“麻坛”背后这些年所谓的政治上的“失意”，全都是和案件相关而又十分精彩的“深度话题”。

最终我没有忘记献上两条当地最好的香烟，作为这次看望老朋友的礼物，当然只能是自己掏腰包了。

（实战案例见第二十一计“金蝉脱壳”中的实战案例）

第二十六计

新闻三十六计

指桑骂槐

说的是某省委省政府的故事，弹的是社会乱象

指桑骂槐

第二十六计

原文

大凌小者，警以诱之。刚中而应，行险而顺。

直译

强大的欺负弱小的，要善于采用警戒的办法去诱导它。刚正而不偏激的适当的威严，可以获得信服与响应。冒险行事，果断勇敢也能使人顺从。

引申义

指着桑树骂槐树，比喻指着这人骂，实际上是责骂另一人。

运用关键点

槐，音同『坏』；桑，音同『丧』，都是过去人们看来晦气的字眼。

本质上是要骂槐树的，但直接开骂显得太直白而没有效果，没有铺垫。表面上指着桑树骂，听者却都能明白实际骂的是槐树，是桑树、槐树连带着一起骂，效果自然不同。如何找到合适的与『槐树』有本质关联的『桑树』最为关键。

实战案例㊀

《中国青年报》一版 1997/12/15

《安徽省委省府公开拒礼》

采访手记

说的是某省委省政府的故事，弹的是社会乱象

对官场上当时（20 多年前的事情了，现在令人欣慰的是党的十八大之后这一存在多年的痼疾和顽症已经得以根本改善）愈演愈烈权钱交易的不正之风，人们似乎已司空见惯，用一种什么样的方法去进行有效的舆论监督？

这方面的报道如果只是泛泛而谈，顶多就是再增加一些文字垃圾，或是直截了当地去开骂，除了过过嘴瘾，对问题的缓解和解决没有任何意义，但如果能找到一个新的参照点，并借助这个“点”去深度地对问题进行挖掘，就有很大的价值。

这篇加上追踪没有超过 2000 字的短文，就敏锐地抓住了“省委省政府公开拒礼”这个新闻点，巧用“指桑骂槐”的手法，看起来说的是省委省政府收礼和拒礼的事，实际上是对弥漫于社会各个领域的权钱交易的丑恶现象，进行了深度曝光和抨击。

这样的报道手法效果的叠加效应十分明显，更何况指的“桑树”竟是堂堂“省委省政府”？这就是报道引发强烈关注的原因。当时影响最大的文摘类报纸《文摘报》几乎用半个版的篇幅对文章做了全文转载。报道引发了一场至少在安徽官场的震动，多位心虚的官员甚至直接通过熟人关系向记者打探，“报道中提到的‘某某’是不是他”，文章的震慑作用由此可见一斑。

1997 年 12 月 15 日

安徽省委省府公开拒礼

——特别纠察队上岗督察

本报记者 / 黄勇

记者 12 月 12 日从安徽省纪委获悉，由安徽省委、省政府办公厅负责组建的两支特别纠察队，将于近日正式上岗，负责在省委、省政府大院门口及院内挡住前来送礼者。

省纪委的有关领导指出，近年来一些单位和个人借年节临近之机利用公款大肆挥霍请客送礼，各级党委政府大院更成了送礼的热点。这股不正之风愈演愈烈，不仅严重损害了政府部门在老百姓心目中的形象，还频频酿成恶果。某市公安局的送礼公车途中出了车祸，两人丧命；某厅的赴京送礼车刚进山东省就撞了车。

近年来“两会”议案提案中，有关反对和纠正挥霍公款请客送礼的内容越来越多，今年安徽省两会上，这方面的内容占到了八成以上，几乎成了政府部门不正之风的代名词。在组建“特别纠察队”的决定出台之前，省纪委特意召集了省内十家包括公安厅、检察院在内的执法部门和财政厅、地税局在内的经济主管部门，共同“会诊”不正之风的具体表现，探讨纠风良策，并达成共识：“政府部门上

安徽省委省府公开拒礼
特别纠察队上岗督察
五部委表彰保护
97全国市场产品竞争力调查表明

下级之间挥霍公款行贿索贿受贿”是许多问题中的焦点和源头，也是老百姓最敏感的话题，应成为进一步加强廉政建设的突破口。

作为省内最高层的省委、省政府大院的“公开拒礼行动”，意在进一步作出廉政示范。据了解，安徽省委、省政府办公厅将在元旦、春节到来之前向全省各级政府发出通知，要求采取类似的廉政举措，安徽省纪委将会同新闻单位，借鉴企业管理的经验，推出廉政方面的“名牌机关”；借鉴合肥市文明创建的经验，对政府部门的腐败行为加大“曝光度”。

跟踪报道：

公开拒礼难挡悄悄者

安徽省委、省府公开拒礼行动 12 月 15 日经本报及有关媒介报道后，成为此间上上下下的热门话题，当地数家新闻单位的记者经过几天的暗访后传出令人欣慰的消息：公开的送礼者、送礼车比过去锐减。但在人们“视线之外”的悄悄送礼行为依然存在。

——省政府一位不愿透露姓名的正厅级官员对记者坦言，近日他刚刚收到某县啤酒厂给他汇来的五万元“过节费”；

——省委大院一收发员收到了一张直接寄给某省级领导的汇款单，上面赫然写着：十万元“房屋维修费”，令这位收发员简直不敢相信自己的眼睛；

——省教委一位负责财政拨款的干部，近来已两次收到某基层学校赠送的现金数千元；

为什么声势浩大的公开拒礼行动挡不住悄悄送礼者？记者试着从对“送礼”和“收礼”两方面的寻访中找到问题的答案。

新闻追踪

公开拒礼难挡悄悄者

本报记者 黄 勇

安徽省委、省府公开拒礼行动 12 月 15 日经本报及有关媒介报道后，成为此间上上下下的热门话题，当地数家新闻单位的记者经过几天的暗访后传出令人欣慰的消息：公开的送礼者、送礼车比过去锐减。但在人们“视线之外”的悄悄送礼行为依然存在。

——省政府一位不愿透露姓名的正厅级官员对记者坦言，近日他刚刚收到某县啤酒厂给他汇来的 5 万元“过节费”；

——省委大院一收发员收到了一张直接寄给某省级领导的汇款单，上面赫然写着：十万元、房屋维修费，令这位收发员简直不敢相信自己的眼睛；

——省教委一位负责财政拨款的干部，近来已两次收到某基层单位赠送的现金数千元；

为什么声势浩大的公开拒礼行动挡不住悄悄送礼者？记者试着从对“送礼”和“收礼”两方面的寻访中找到问题的答案。

送方——

我们情愿送。每年的财政拨款就是一个大蛋糕，切给谁也不违反政策，找机会送礼联络感情，才会争取到更多，这次单位盖大楼，上面就一下给了 200 万。这是一位经常与财政部门打交道的基层领导的话，他认为送的是“聪明礼”；不送不行。没看到事情老拖着不办吗，政策的解释是可办可不办，灵活的很，再不表示表示，真不知还要拖到何时。一位在单位负责跑规划的干部在接受采访时禁不住发牢骚，他自认送的是“无奈礼”；哈哈，人家已经丢了，再不送就不好意思了，一位刚打完官司的市民在街头对记者掏出心里话，看来他送的是“被动礼”。

收方——

根本不想挡礼的当然大有人在。“既然送了就收”的心态也较普遍。省政府的那位官员说，都是老朋友了，钱送回去反而伤了和气，今后能为企业多争取个把项目，就是最好的补偿。特别值得关注的是挡礼之后本不该发生的事却发生了——省教委的那位财务干部不无遗憾地对记者说，钱是挡回去了，但人却得罪了，[illegible]得脸红脖子粗，大家的面子都挂不住了。[illegible]天晚上，合肥市第一人民医院的一位副院长拒绝了一名[illegible]者家属送来的 1000 元红包，但第二天，当这位院长（主任医师）到病房找病人时，却发现病人及家属已不辞而别。[illegible]悄告诉院长，那病人的家属临走甩下一句话，“[illegible]不敢收，谁还能相信他会好好看病呢？”

问题的答案是复杂的，值得更进一步去[illegible]。但安徽省纪委一位领导的话无疑是中肯的——公开拒礼，只是各级党政及服务部门反腐倡廉的一个新起点，要真正挡住暗中的权钱交易，有待政府行为的进一步完善和整个社会的全面进步。

送方——

“我们情愿送。每年的财政拨款就是一个大蛋糕，切给谁也不违反政策，找机会送礼联络感情，才会争取到更多。这次单位盖大楼，上面就一下给了200万。”这是一位经常与财政部门打交道的基层领导的话，他认为送的是“聪明礼”。

不送不行。没看到事情老拖着不办吗，政策的解释是可办可不办，灵活得很，再不表示表示，真不知还要拖到何时。一位在单位负责跑规划的干部在接受采访时禁不住发牢骚，他自认送的是“无奈礼”；哈哈，人家已经要了，再不送就不好意思了，一位刚打完官司的市民在街头对记者掏出心里话，看来他送的是“被动礼”。

收方——

根本不想挡礼的当然大有人在。“既然送了就收”的心态也较普遍，省政府的那位官员说，都是老朋友了，钱退回去反而伤了和气，今后能为企业多争取个把项目，就是最好的补偿。特别值得关注的是挡礼之后本不该发生的事却发生了——省教委的那位财务干部不无遗憾地对记者说，钱是挡回去了，但人却得罪了，在家里闹得脸红脖子粗，大家的面子都挂不住了。就在记者采访的前两天晚上，合肥市第一人民医院的一位副院长拒绝了一名严重胃病患者家属送来的1000元红包，但第二天，当这位院长（主任医师）到病房找病人时，却发现病人及家属已不辞而别。同病房的病人悄悄告诉院长，那病人的家属临走甩下一句话：“这里的医生送钱都不敢收，谁还能相信他会好好看病呢？”

问题的答案是复杂的，值得更进一步关注和追踪。但安徽省纪委一位领导的话无疑是中肯的——公开拒礼，只是各级党政及服务部门反腐倡廉的一个新起点，要真正挡住暗中的权钱交易，有待政府行为的进一步完善和整个社会的全面进步。

第二十七计

新闻三十六计

假痴不癫

一段历时两个月的痛苦思考经历

假痴不癫

第二十七计

原文

宁伪作不知不为，不伪作假知妄为。静不露机，云雷屯也。

直译

宁可假装着无知而不行动，也不自作聪明而轻举妄动。暗中谋划，深藏不露，就像雷电蓄势爆发一样。

运用关键点

以退求进，老成持重，以达到后发制人的目的。如同云势压住雷动，且不露机巧一样，最后一旦爆发，便出其不意而获胜。

个人对这一招主要的应用实践不是在采访中，而主要是掌握基本素材后，处理素材和提炼、驾驭主题的一种思路和技巧。是在对素材的把握和行文技巧的把握上，整体把文章的姿态放低，甚至是假作无知无奈，把真实要表达的意思藏在字里行间，或是有意做出欲言又止的姿态，让读者从字里行间做出判断。

实战案例㊀

《中国青年报》 2000/10/30

《我为什么要偷病历》

采访手记

一段历时两个月的痛苦思考经历

身为税务干部的杨旭波看个胆囊炎这一常见病，却因为医院的失误造成了个人身心巨大的痛苦。但如果按照一个一般的医疗事故来报道，无法提炼出这个案例可能隐藏的对更大人群的普适性的价值，这样的报道可能在当时连发表都很难，因为医院千千万，一年到头总是会有这样那样的大小事故，都按照常规的思路来报道，媒体本身就会掉价成为无聊的小报。

而且，更让人挠头的是，杨旭波“偷病历”这个细节如果按照惯常的思维，似乎很难进入到报道中，因为医疗事故报道的一般套路是要渲染患者的悲情，你把患者偷病历这个细节放进去，那就跟整个基调“不搭”。

就是在这样痛苦和纠结中，时间过去了快两个月，我至今还记得南方初秋持续着似乎没有尽头的燠热，更增添了内心的烦躁。

但是，当“我为什么要偷病历”这句杨旭波曾经在我面前一带而过的“牢骚话”在某一个清晨闪现在脑中，我突然“开窍”了，是啊，把整个文章的姿态放低，放到患者实际上因对真相无知而很无奈地低调来处理素材，“偷病历”就成了极富有象征意义的一个可以“理解”的举措，一个几乎每一个普遍患者在无奈之下都可能采取的举措，而不是什么按照原来的思路似乎“不可告人”的“私密事”。放低患者的姿态，患者的无知、无奈、弱势，实际上也是当时整体医患关系格局的真实折射。这个举措的背后，透视的是当时施行的医患矛盾处理中举证问题“谁主张、谁举证”这一规则的死结——患者永远处于弱势地位，患者无论是否有理，永远打不赢官司，只能是社会不断积聚着医患关系恶化带来的可怕的戾气……

而按照这一思路来重新组合的这个案例，加上用第一人称来叙述，不仅打破了原来的报道套路，更重要的是通过层层递进，最终引出保护患者知情权和举证原则规定需要调整的重磅话题，为医患官司纠纷中“谁主张、谁举证”这一原则的废除和“举证倒置”原则的确立，起到了应有的推动作用。

（实战案例见第二十计“浑水摸鱼”中的实战案例）

采访手记

想要“抽梯”，先得“架梯”

在安徽枞阳县陈瑶湖镇侵占基本农田事件采访中，记者在镇里采访时遭遇几名镇干部软禁，被一掌推倒在稻田里之后，直接由一辆吉普车“礼送”至省城合肥。尽管我被逼之下搬出了县委副书记，现场通了电话，压住了他们的嚣张气焰，但采访如何继续是个大问题，就此罢休是不可取的。问题是否严重到侵占基本农田的程度还不完全确定，被地方个别官员压榨的群众的利益无法得到补偿，采访必须继续。

我很快给枞阳县土地局打了电话（实际上我通过在镇上的采访，从镇干部闪烁的言辞中已知道县土地局和镇政府、县政府都是涉及几千万利益的相关方，同样想粉饰事实真相），直言前期采访遇阻，镇里提供的是一张他们自己草绘的关于基本农田范围的假地图，并相信县里土地部门作为专业部门一定会提供确凿的材料，并提前表示感谢。土地局听了我的这个态度，果然很上心，认为他们有了继续糊弄我的可能，也十分欢迎我去采访。

我有意给土地局留出“运作”的时间，隔了一个星期没动静，果然是对方急了，土地局主动打电话联系我何时去县城，我就知道他们已“运作”完毕，并且与有关各方都已私下对好口径。

事实上正是县土地局上杆子（上梯）再次草绘的一张与镇里基本不一样、

但目的都是在试图粉饰事实的地图，使得真相日益明朗化，欲盖弥彰啊。

正是县土地局的“上梯”，让我们随后去安庆市土地局档案馆查找土地资源原图，以证实地方侵占基本农田事实的举动成为不折不扣的“抽梯”之举，在馆藏的最权威资源图面前，乡镇和县土地局试图遮掩的真相更加清楚。

（实战案例见第一计“瞒天过海”中的实战案例）

新闻三十六计

第二十九计

树上开花

宿迁医改成为全国舆论关注的年度重大热点

树上开花

第二十九计

原文

借局布势，力小势大；鸿渐于陆，其羽可用为仪也。

直译

借助某种局面或手段布成有利的阵势，兵力弱小但可使阵势显出强大的样子。就像鸿雁在高空中飞翔行进，全靠它那丰满的翅膀来助长气势一样。

在战争中要善于借助各种因素来为自己壮大声势。

运用关键点

重大的专题或突发性新闻，有一个发生、发展变化的过程，不可能都能抓第一落点。那么抓第二落点就要实现『树上开花』的境界，一定要在既往新闻事实的基础上，选准新闻事实发生、发展的新的『发芽点』、空白点或『嫁接点』，让树上开出的『新花』令人耳目一新，甚至振聋发聩。

实战案例㊀

《中国青年报》2006/3/23

《宿迁3年来首次回应『卖光式』医改》

采访手记

宿迁医改成为全国舆论关注的年度重大热点

新闻采访中，并不是每一次都能实现首次发现、首次报道，因为这样的机会在很多时候是可遇不可求的。你即使再做有心人，机会也不会总是眷顾你。特别是重大的新闻题材，别人已经出于某种原因抢先报道，造成了首发和领先的现实，一棵大树已经巍然耸立了，我们怎么办?

一些媒体选择了回避，选择了观望，选择了仅仅“临渊羡鱼”。但这并不是最佳方案，一次又一次地回避，意味着媒体自甘二流，或退出竞争舞台，长此以往，参与新闻竞争的状态必然大受影响。因此对一些重大题材的“二次开发”，同样像寻找和发现独家新闻一样，具有十分重要的意义。突破的思路和办法就是“树上开花”，既然别人家的树已经开花，咱们的“花朵”必须是长在可以显见的别人的树上，那就让这朵新花开出更加绚丽夺目的新的光彩。

我的《宿迁医改:“现实悖论”与“合理逻辑”的碰撞》，经编辑改后发表见报题为《宿迁 3 年来首次回应“卖光式”医改》的采写，正是采用了“树上开花”这一策略。《南方周末》等有影响力的媒体已经早在五年前（2001 年）就开始陆续报道并形成很大影响的基础上，又一次在国内形成了新的、更强的舆论聚焦。

此稿之所以能被评为《中国青年报》年度“最有影响力报道”，并被国内的《经济观察报》等传媒推崇为 2006 年度传媒最佳报道，报道当地的时任宿迁市委书记张新实更是称此稿“搅动了全国”，令记者本人禁不住要汗颜了，但采写中的体会还是可以和大家分享的。

接到编辑部的指令后，我便开始动手搜集相关的材料，互联网的日益兴盛让这篇稿件的案头准备与以往相比更加便捷一些。搜集的资料在 30 篇左右，有新闻报道，也有国内专家们对医改的意见。

要达到“树上开花”的效果，最关键的突破点是知道哪里是能发“新芽”的地方，或是找到树上的“空白点”。出发前，我把所有素材足足反复看了三遍，经过几次转车终于到达宿迁市。之后，我尽管身体累得一走进房间就四脚朝天瘫在床上，但思想却是极度活跃。我把几家媒体过去到这里采访了什么人，从文章中大致可以判断出的主要路线——先做笔录，然后是“过电影”，结果发现脑中的影像时断时续——很显然，对眼前的这棵大树的底细还没有完全摸透。

尽管我住宿的宾馆离宿迁市委市政府仅一个街区之遥，我告诫自己憋住要立即进入采访状态的冲动，把自己闷在房间里将搜集的材料一一过筛子，这个枯燥的功课愣是整整做了两天，除了晚间稍微短暂外出放风，我足不出户，以方便面充饥。终于到了感觉胸有成竹的时候。

此后采访的事实证明了前期做足“功课”的重要性，我了解到过去报道中的重要细节——医院拍卖中曾有老职工示威静坐的场面，但具体情况不详，这不仅是增加文章可读性的猛料，更涉及对医改模式是否基本正当的评价，必须深挖。当市委宣传部的张副部长一听记者提起这事，说她当时就在现场时，我立即牢牢“锁”定她作为重点采访对象，而通常，她的角度只是帮助记者提供一些采访的便利而已。事先对重点关注话题的准备，让张副部长“增值”了——她是重要的历史见证者。

在另一条线，我和宿迁市卫生局局长见面，寒暄几句之后，就聊起五年前他面对当时的卫生部官员的责问——“医院都卖完了，你还是不是局长”时的尴尬，立即让他无限感慨涌上心头，话匣子一下打开，采访也立即进入状态。

正是这些重要的谈话，构成了文章最重要的第一个“政治悖论”——“医院卖光了，卫生局长的权更大了”，有力地传递了最让社会各界关注的核心信息，并使整篇报道得以沿着反差极大的“悖论”逻辑展开，从“经济悖论”“伦理悖论”“道德悖论”到“评价悖论”，成为这篇文章的立论和行文的基础和最大特色，也使得文章得以从信息含量，特别是认识的层面和深度上超越了过去的报道，超越了对一项极其复杂、牵动多方利益的医改试点举措的简单否定或肯定。使得“宿迁卖光式医改”作为一种独特的现象活生生地呈现在人们面前，推动整个社会对医改如何设计和推进，进行更多深入理性的思考。

文章发表后的反响有些出乎人的意料，文章被一些门户网站在主页转载后挂了好几天，全国各地的网虫们的跟帖近万个。就像我的文章中对宿迁模式没有简单的肯定或否定一样，高层的医改专家对宿迁的医改模式的评价依然持模棱两可，但基本上是否定的态度，并在当天的报纸上与我的原本内部反差就很大的报道形成更大的反差；卫生部的一位前官员斥责我的文章“没有站在政府的立场”，这等于是过去的“扣帽子”，让我很纳闷，因为我只是如实报道，想把事情的真相更好地呈现，提供政府与社会的镜鉴，可不是与政府对着干；宿迁当地的一位网民以某一次看病比过去价格还高的事实（我相信他说的是事实，但一次看病价格超过过去的个案事实，无法否认和推翻当地医改之后整体医疗卫生服务水平提高的整体事实），痛骂我大概是拿了宿迁方面的巨额贿赂（这位网友言之凿凿说我至少拿了五万块），因此昧着良心帮他们说话，也逼得我说了真话——吃了三顿饭，拿了一盒“一枝梅”牌香烟（饭桌上剩的）而已。

当然更多的反响是肯定了记者的劳动和公正的评判。耐人寻味的是，宿迁当地官方对此报道很是满意，他们认为实际上是变相的“正面报道”。我也因此成为宿迁建市十周年纪念会被邀请的嘉宾，结识了因写博客而名声大噪的市委书记张新实。

2006年3月23日

宿迁3年来首次回应“卖光式”医改

本报记者 / 黄勇

前言：激荡心旌的医院拍卖声

“我宣布，医院以200万拍卖成功！”，这是从大约五年前开始，在江苏北部的农业大市宿迁，从城市到乡镇最令人振奋的一句话，句式完全相同，语气都铿锵有力，只是地点和成交金额有异。拍卖槌声响过之后，一批根本没有干过医疗行业但腰缠万贯的老板、一些没有多少资金但却有创业雄心的医生，粉墨登场成为私立医院的院长、董事长……当然，与此相映衬的是，一个个主持改革的官员被围攻，一场场人头攒动的拍卖会上响起了阵阵抗议和反对之声……

从那时到现在，以公立医院私有化，也就是俗称的“卖光”为主线的宿迁市医疗卫生体制改革一直成为人们关注的焦点，并使当地一度陷入从“好得很”到“糟得很”的两极摇摆之中。从那时到现在，全市135所乡镇以上公立医疗机构，有134所完成了产权置换，改造成了股份制、混合所有制、个人独资等多种类型的医疗机构，实行民有民营。拍卖所得的近四亿的资金，进到了宿迁市医疗卫生事业发展的基金专户上。

与之相配套的，还有宿迁市按照“四分原则”打出的改革组合拳——

一是“管办分开”，政府由办医疗变为管医疗，在医疗领域，政府当裁判、教练和导演，不当运动员和演员，各类医院由政府主办变为政府扶持，社会多元化兴办；

二是“医卫分离”，严格界定卫生和医疗两个领域的职能，实行政府全额出资办公共卫生，民资办医疗；

三是“医防分设”，在全市 100 多个乡镇分别设立乡镇防保所和乡镇医院，防保所履行公共卫生职能，由政府主办，乡镇医院履行医疗服务职能，进行股份制和民营化改造；

四是“医药分家”，这一条作为改革的远景目标，至今还在探索之中。

五年多过去了，宿迁这场涉及医疗卫生体制根本的改革到底进展如何，能给当下依然没有明晰答案，但却涉及每个民众切身利益的“医改”带来什么样的启示?

政治悖论——卫生局长首次回应:“卖”光了我的“权”更大了

三年前，宿迁医改正值风生水起之时，当前来调研的一位上级领导听说医院全卖光了，便禁不住对市卫生局局长葛志健一句质问:“那你还是不是卫生局长?”

这一问，曾让负责改革具体事宜的葛志健很是“瞠目结舌”。的确，“卖光式”的医改如果从根本上动摇了卫生行政部门，实际上也就是政府对医院的监控，放任自流，想象中的结果是可怕的!

在此后几年面对众多媒体记者的采访中，葛志健一提到此事除了叹气没有下文。现在，三年过去了，葛志健终于打开话匣，要通过本报记者第一次作出回应:

“我的切身体会是，医院卖光了，表面看起来权力架空了，卫生局对几百个处级、科级干部的推荐权、任免权没了，卫生局长也不再是管理医院人、财、物的‘总院长’了，但我葛志健感觉自己在卫生界的权力、威望和影响不是小了，而是大了。”

3月1日，记者正在对葛志健进行采访中，宿迁市红十字眼科医院的李院长闯进他的办公室，手里拿着刚刚请人设计好的医院新就诊大楼效果图，要请葛局长过目定夺。李院长刚一离开，葛志健正好就此注解——

过去这样的事情是根本不存在的。过去卫生局经费有限，能给医院的不多，但按照体制，人、财、物，管的东西一样不少，偶尔给些大项目，也是上面从头管到尾，院长们对局长们烦着呢，像私立的眼科医院这样完全自己筹资盖的大楼，按照过去的逻辑，更是怕你卫生局插手搞名堂。

现在不同了，院长恨不得整天围着卫生局转，不仅咨询政策，还生怕一个重要信息漏掉，在竞争中吃亏，还老是提建议，汇报工作，好让我们推动利好政策出台，有的还巴不得我们直接做他们的顾问，给他们当参谋，为他们的发展谋福利。更关键的是，医院的“生死权”还捏在政府的手中，监督、检查、审批成了卫生行政的主要职能。过去院长们不看这个，医院生与死，与他的个人利益没有瓜葛，此处不留爷，自有留爷处，但现在体制变了，医院成了院长们的命根子，他不“求”你才怪呢！

权大了，不该管的碎事少操心、不操心，该管的大事多起来，在葛局长看来，对卫生局是好事。但也有人担心会滋生出新的权力寻租的空间。卫生行政部门监管的权力能否完全用好，人们还持观望态度。

前一阵子有人在宿迁乡村暗访后发现，在医改后新冒出的400多个医疗机构，特别是个体诊所中，有个别明显不符合条件的也能蒙混过关，拿到行医资格证。责权利永远是三位一体的，能否真正确保不出现劣质的个体诊所和伪劣药品？这个问题现在下结论，似乎为时尚早。

伦理悖论——私立医院全打“公益招牌”

过去的逻辑是：公立医院是标准的非营利性医院，最能代表国家的公益目的。宿迁医改的政策规定，医院私有化之后，营利还是非营利，性质自定。

结果绝大多数医院选择了营利性质。由此导致人们最大的担忧是：如果唯利是图横行，医疗机构的公益性质将会丧失。

过去发展迟缓的乡镇医院被个人购买之后，医院墙上的标语透着发展的冲动。（2006 年 3 月摄于江苏省宿迁市沭阳县新河镇新河医院）

拥有 175 万人口的沭阳县是宿迁医改的发源地。而仁慈医院，则是沭阳医改后新创办的第一家民营医院，更特别的是，由于起家靠的是 5 个医生凑起的股份，创办资金有限，为了享受政府的免税政策，仁慈医院自愿选择“非营利性质”。也正因此，这家医院成了沭阳县民营医院的“公益晴雨表”。在县城，他们最早推出“挂号免费”政策，按其门诊量测算，仅此一项一年让利百姓近 20 万。

循着“公益到底”的思路，仁慈医院从 2000 年诞生之后，扮演了整个沭阳县城医疗行业的“搅局者”。你县人民医院有人才，我这里就用高薪和老关系挖，结果仁慈医院把县医院 40 岁出头的业务骨干挖走了一大批，逼得人民医院一方面对现有人才的培养给予前所未有的重视，另一方面在互联网上面向全国招贤，三甲医院的泌尿科主任也因此“下嫁”到了沭阳。

县人民医院的收费标准定了，仁慈医院比它再降三分之一；这两家上项目、上设备、上硬件、挖人才的较量逼得第三方——县中医院一面丰富治疗科目，摆脱中医“一招鲜”的困境，另一方面同样以 1000 万元为单位加大投入。

竞争的结果，让当地的老百姓很高兴。至少目前，可以缓解他们的看病贵、看病难的问题。

当然，“公益”是要有底气的。仁慈医院的佘院长告诉记者：医院没有一个闲人，成本控制方面没问题，200 张床位，员工 200 多一点，基本上没有再精简的空间了。正是在对“公益”的追求中，仁慈医院“生意”日益火爆，到去年1月28日，经过五年的积累后，医院的股东数从最初的5个增加到40多个，又建起了10层高的新就诊大楼，总投入高达3000多万元，一举确立了沭阳县城医疗“三巨头”之一的位置。据了解，这些大手笔投入的主要来源是营业收入，还有内部集资和银行贷款。

与仁慈医院一样，大多数定位为营利医院的乡镇医院，看重“公益招牌”。

走进距离沭阳县城还有20公里的新河镇医院，40多岁的院长李金忠原来是卫生院的一名普通医生，2001年6月，正逢老院长退休，他积极响应改制的号召，多方筹巨资163万元，买下了医院。

新河医院对“公益招牌”的看重，体现在一个个细节中。这里专门设了面向独生子女、残废军人等对象的优抚病房，价格优惠；独生子女不收挂号费；病房的条件也很好。

沭阳县卫生局的一位负责人对新河医院的深刻印象来自刚改制那一年的夏天，整个医院只有一台电扇，但却放在病房里，没有放在院长办公室。3月2日，面对记者来访李金忠院长脸色显得很局促——改制快五年了，整个医院里，唯一没有任何变化的就是院长办公室。谈起降药价，李院长更是如数家珍一般，阿奇霉素过去30多元，现在20元；过去卖3元的阿莫西林，利润已经很薄，现在还是降到了2元……

记者采访时，正赶上一位叫刘迅宝的病人，刚做完阑尾手术不久，虽然家不在本镇，还是到新河医院来。一旁照料的家属告诉记者，这里看病卫生，一个手术比别的医院要便宜四五百块。

当然，在公益内容的竞争上，各有各的高招和亮点。

在向病人广泛散发的《沭阳县人民医院报》上，医院公开宣布：专门开辟“绿色通道”，对无陪护、无钱款的重症伤病员实行先抢救、后补办各项手续；承担全院230名离退休老干部的生老病死的费用开支；承担全县一部分老干部的医疗包干超支费用等。医院的一位负责人告诉记者，这可是众多的公立医院根本不敢说的承诺，有些即使做了也不敢说，怕的是陷入“公益无底洞”。

还是当地一位老百姓的话道出了真谛：要是不给病人点好处，谁来看病啊！

在沭阳县人民医院，董事长周业庭和他聘任的药房主任签订的《工作合同》中就一个硬杠杠：本院药品的进价只要超过其他医院的 5%，立即走人。在宝贵的工作岗位和同样也诱人的药品回扣之间选择什么，大家心里都十分清楚。

在仁慈医院，尽管没有这样有“杀气”的工作合同，但照样有“潜规则”在起作用。负责药房的是医院的 40 个股东之一，其他的 39 个股东，都是医疗行业的老把式。按该院佘院长的话说：什么药进价贵了，瞟一眼就知道。你要是搞什么猫腻，就要准备好股东大会上把你开除。

在新河这样总共只有不到 20 名职工的私立小医院，院长直接掌控进购药品，对进价的控制毋庸多言，贵一分钱，那都是“割自己的肉”。

经济悖论——看病费用降低了 医院收入上去了

公益招牌能打多久，最终还是靠“经济悖论”的支撑——看病费用降低，但医院收入必须上去。

卖医院让卫生局有了一笔闲钱。医院私立之后无须政府直接投入，但财政预算还在。这两项加起来，让政府有了“托市”的底气。医改五年来，当地的医疗保险，特别是农村公开医疗统筹从无到有，目前已覆盖全部农村人口的 90% 以上，人均年标准为 50 元，全国领先。各家医院都设立了专门的医保窗口，住院病人这边结清了医院的账目，那边电脑程序一启动，可以很快从医保窗口报销拿到现钱。

政府给好政策，成败关键还要看医院练内功。小到像新河这样的乡镇医院。胃切除、阑尾炎这样的手术，现在都可以做，脾脏缝补、肾结石手术、心肌梗死抢救等高难度项目，因为重金引进了“高人”，现在也可以做，单病种（指没有别的并发症）的价格比县里便宜好几百，优势一下就出来了。新河的门诊收入由过去常年的 16 万下降到现在的 12 万，但不要紧，门诊损失手术补，手术总量比过去增加了近 40%，大手术增加，这一块的收入过去是 80 万，现在则翻了一番。

大一点的医院也是如此。调查显示，平均处方值，2002 年沭阳县人民医院是 44.45 元，改制后至今降到了 39.23 元；平均住院时间从 11.5 天下降到 8.6 天，但医院的收入，已经从 2002 年的 4830 万迅速攀升到 8140 万，光是一个骨科的进账，就从 180 万增长到 720 万元。

决定医院生存的收入指标的提高，也让医生的收入高了。现在同样的职称，宿迁的医生比周边地区收入，每月至少多出近 1000 元。乡镇医院的医生，一个月最多的也能拿到 4000 块。有无医疗技术，成了决定收入的最关键因素。

记者在沭阳县人民医院了解到，过去“公立”时期，一个后勤岗位的干部为了奖金少 20 元，可以跑到院长的办公室拍桌子，现在后勤岗位和医技岗位的收入差距，已经拉大到五六倍，谁也没有脾气，谁不想干，可以走人。

当然，“经济悖论”并不总是成立的。在宿迁，既有沭阳县人民医院改制三年来 150 多项新项目、新技术获得成功，总投资 2000 多万元，是过去每年的五六倍的辉煌和新河医院这样的新生，也有当年拍卖出的医院（以原来的乡镇卫生院为主）因为经营无方、资金缺乏，已经被倒手三次的残酷。

评价悖论——“好模式”至今难复制

对一项改革成效或价值大小的流行性观点是要看是否能大范围地推广。但宿迁这个几年来杂音越来越少的医改模式，至今却没有一个被完全复制的典型例证。当地的卫生行政官员向记者坦承，来学习参观的很多，光是接待采访的记者，一年有近 500 人次，部分借鉴经验、取得成功的也很多，但完全意义上的复制，没有。

宿迁市委宣传部副部长张莉当年做沭阳县的父母官时，也是改革的推行者和实践者。但她至今还记得五年前大家悄悄绕路走的尴尬——前门都被静坐的职工堵住了。虽然事后了解，上访闹事的都是些没有什么一技之长，一改革就知道自己的利益要受大损失的人，但在当时却在很大程度上左右着人们对改革的评价，同时也加大了改革推进者的心理压力。

学卫生专业科班出身、在行业已有几十年浸润的宿迁市卫生局局长葛志健说，人言可畏。有人说大家本来都不情愿搞什么改革，就是市委书记硬压着我们干、我们又不敢不干的，目的就是捞政绩，但实际上我们都是积极主动地要改革。

对改革成败或成效的评价体系没有一个固定的模式，这可能是让推进改革者最头痛的事情。

曲折的过程是令宿迁的医改推进者们难以忘记的。也正因此，几年来面对蜂拥而至的新闻媒体，当地采取的是极其保守的策略，基本上是只干不说。

五年后的今天，宿迁当地政府终于不再沉默。今年 2 月 18 日，当地一面一改几年来的初衷，筹划大面积宣传改革的做法，一面下发了《关于进一步加快民营医院发展的意见》，与五年前掀起改革浪潮的《关于鼓励社会力量兴办医疗卫生事业的意见》形成了延续。新的《意见》中明确规定：到 2010 年，民营医疗资产要占到全市资产总量的 75% 以上，企事业单位、社会团体、公民个人均可依法采取独资、股份、联办、合作和中外合资等多种形式申办民营医院。

新的《意见》还规定，卫生行政部门要公开医疗机构设置规划、医院准入规模标准，鼓励民营资本到医疗资源薄弱地区兴办规模医院。对符合准入标准的民营医院应及时核发证件，不得设置任何审批障碍。

从 2006 年起，宿迁市财政每年安排激励民营医院发展专项经费，对市区投资 3000 万以上、县级投资 1000 万以上、乡镇投资 300 万以上的民营医院，最高按投资额千分之五进行奖励，非营利性民营医院的用地可申请划拨使用，与公立医院享受同样的减免相关费用的政策。

宿迁卫生界的人士都承认，要彻底化解看病贵、看病难的问题，还需要相当长时间的摸索。

新闻三十六计

第三十计

反客为主

见到街边橱窗里的塑料模特，我至今心有余悸

反客为主

第三十计

原文

承隙插足，扼其主机，渐之进也。

直译

见到敌方的漏洞、空隙，就赶紧插足进去，设法扼制住其主力和要害，但必须循序渐进地达到自己的目的。

引申义

客人反过来变成主人。在军事上，指在战争中，努力变被动为主动，争取掌握战争主动权。实际运用中往往是借援助盟军的机会，先站稳脚跟，然后步步为营，取而代之。

运用关键点

从『反客为主』到『浑水摸鱼』。

很多调查性采访，只有在采访进程中通过取得当事一方的信任，变身伪装成当事的一方，使自己从事件的第三方，变身成事件的主要参与者，直接参与到事情的进程中，才能『深入虎穴』，拿到第一手珍贵的材料。当然『反客为主』在各种局势都较混沌的时候最好也是不要轻易暴露真实身份，以免给采访带来不必要的麻烦，从而形成『浑水摸鱼』的实际效果。

实战案例㈠

《中国青年报》一版　2005/12/30

见第七计《广东部分地区安全隐患堪忧》

实战案例㈡

《中国青年报》连续报道　2005/12/30

见第三十六计《天堂里有没有圣诞夜》

采访手记

见到街边橱窗里的塑料模特，我至今心有余悸

这估计应该算得上职业“创伤”的一种了。从 2006 年年初开始，只要我在街边服装店的玻璃橱窗里一看到披着褐色头发的塑料模特，就不禁心里一紧，感觉异常难受，因为 2005 年年底的那个难忘的经历立即会浮上心头——

我通过“无中生有”的办法找到了中山市坦洲镇大火中遇难者家属之后，进入到大火死者家中了解情况，在与家属的交流中，获得了家属们的信任，并知道他们当天下午要去殡仪馆现场确认死难者遗体。这是深入采访的好机会，但前提是我不能暴露身份，合法的能进入到殡仪馆现场的身份只能是家属。我和家属经过充分沟通，得到了他们的支持，在现场盘问时就说我是“家人”，我就是这样得以在当地对媒体全面封锁的情况下，一直抵达事故的最核心现场之一，从而获得在现场确认死难者名单和数量的珍贵机会，并在现场一一核对，也避免了地方对事故人数的隐瞒，得以让报道有足够多的细节披露给社会，从而引发大家共同的反思，强化防范意识。

到了殡仪馆的遗体冷藏现场，体会的是和家属们一样撕心裂肺的感觉，因为知道死难者大多为青年人，最令人难忘的是这些死者大多是被烟雾闷死的，面部和头发都是烟熏的颜色——就是塑料模特头发的颜色。尽管我们知道，他们原本是多么年轻，多么生龙活虎，也多么富有生活情趣……

媒体人正因为在遇难者家属面前展现了最基本的担当和责任，以及对普通百姓人家的最起码的尊重，并在采访时与遇难者家属第一时间达成相互理解的“共情”的氛围，才最终得以获得和公布真相。

这些经历是惨痛的回忆，也是难忘的回忆，当然采访得以因此深入，并因此最终采写出让人警醒的事故的记录，也是令人欣慰的回忆。

（实战案例原文见第七计“无中生有”和第三十六计“走为上计”的实战案例。）

第三十一计

新闻三十六计

美人计

与孔维钊律师多年并肩战斗中的一次漂亮战役

美人计

第三十一计

原文

兵强者，攻其将。将智者，伐其情。将弱兵颓，其势自萎。利用御寇，顺相保也。

直译

对于兵力强大的敌人，就攻击他的将帅；对于有智慧的将帅，就打击他的意志。将帅斗志沦丧，兵士颓废消沉，敌人的气势必然会自行萎缩。利用这些方法来控制敌人，可以顺利地保存自己。

引申义

指军事上用女色或财物诱惑敌人，使之贪图享受消磨斗志，造成内乱，然后消灭之。

运用关键点

如果过分拘泥于古代智慧的表象，就不可能『古为今用』，而将『美』的内涵稍加拓展，我们就可获得更多的启迪和感悟。『美人』是『美』的，『美好的品行』更是『美』的。

新闻行业是『铁肩担道义』的特殊职业，新闻单位是堂堂正正列入『公益类』的机构，新闻从业者用美好的品行、用良好的信誉赢得社会的公信，是最为重要的事情。

实战案例㈠

《中国青年报》一版　2006/9/11

《安徽巢湖四名学生蒙冤事件调查》

采访手记

与孔维钊律师多年并肩战斗中的一次漂亮战疫

如果按照字面上的意思的狭义的理解，在和平年代记者的新闻采访，没有什么现成的使用“美人计”的案例。因为如果通过用女色或财物去诱惑对方获得采访素材，从新闻职业道德的层面，无论目的和动机多么“崇高”，这个手段也是绝对不合法的，事实上也没有哪位新闻从业者会这么做。

在研究体味新闻采写与三十六计的内在逻辑关系的过程中，我个人的理解也是逐渐拓展和深化的。实际工作中，很多新闻从业者正是长期通过众多的优秀报道推动社会进步所积攒的美好品行，赢得越来越多的普通群众的信赖，民间疾苦、社会变迁他们才能最早获知、发现和预警，也只有拥有美好品行，以公众利益的改善为最高追求，才能成就新闻记者这个职业的真正的社会价值。

很多极其重磅的新闻线索，正是来源于社会各界对媒体人的信任，这种现象非常契合所谓的“美人计”在当代的最新内涵，因此可以作为“美人计”在新闻领域的意义的一种延伸和拓展。

我认为用美好的品行去获取更多的重磅、独家新闻线索，应该是每一个优秀的媒体人共同的“美”好追求。

出安徽省会合肥，向西北方向百余公里，就是“小城”、著名的国家级煤炭工业基地淮南市。说是小城，盖因绝对的城市面积和城市人口都不是很大规模，几年前合并了原属六安市管辖的人口大县寿县，规模算是一次实质性的扩张，但 300 多万人口的总规模，也还不算大城市。

但小城里有一位人物却值得一说，就是律师孔维钊。因为骨子里热爱公益，这个因做律师而生活无忧的青年人（现在早已是中年）特别热衷办涉及未成年人的案子，尽管明知这类案子是不赚钱的，还要自己贴钱。他与安徽团组织合作，成了安徽省在全国首创的最早的未成人权益保护“公益律师”，后来又因为贡献卓著，进而成了全国律师协会未成人保护专业委员会最早的一批发起人之一，并当选这个专委会的副会长。

这个把保护未成年人当作自己头等大事的律师，自然是愿意和媒体接近的，因为他办理的很多案件，客观上也必须借助媒体的力量来共同努力，引起社会的关注。当然不是所有的媒体人都是值得他信赖的，因为公益意味着纯粹的付出，没有现实的利益的回报。

很荣幸基于《中国青年报》的定位，我和他成为好朋友，一起合作通过新闻报道推动和保障了诸多案件，特别是涉及青少年利益的案件的依法办理，由此成为彼此信赖的工作伙伴，也正因此，一个后来在全国引发强烈反响的安徽巢湖四名学生蒙冤的案件，我成了最早获知案件线索的媒体人。这个案件整体的报道经过，算是我们多年并肩战斗中的一次漂亮战役，直至后来四名学生的权益得到了最大限度的保护。

2006年9月11日

办案人员刑讯逼供 青少年维权岗被迫失守

安徽巢湖四名学生蒙冤事件调查

本报记者 / 黄勇

安徽省巢湖市公安局居巢分局在办理一起伤害致死案时，错误拘捕张虎、张峰、焦华、王浩等4名青少年学生，其中张虎和张峰是亲兄弟。4人因被刑讯逼供受尽折磨，被关押3个多月，直到真凶被抓才重获自由。

被抓时，张虎刚领到大学录取通知书，即将进入安徽省一所职业技术学院读书，弟弟张峰是巢湖市一所中专学校的学生，王浩和焦华刚上高二才两天。4人中最大的刚满18岁，最小的才16岁。

目前此案已被安徽省公安厅认定为错案。警方称，4名无辜者在一起案件中同时被当作犯罪嫌疑人错误拘捕，在全国尚属首例。

一位母亲说孩子不是好东西，竟也被警方当成了证据

2005年9月2日凌晨5时许，巢湖市居巢区半汤镇57岁的农民刘之华到市政府门前的一个大池塘起虾笼时被人打得不省人事。其家人闻讯当场报警并将其迅速送往医院。9月7日，刘之华因颅脑损伤，在医院经抢救无效死亡。警方对发生在市政府附近的蹊跷命案十分重视，指定居巢区公安分局管辖，并抽调相关部门协助办理。

特别报道

办案人员刑讯逼供 青少年维权岗被迫失守

安徽巢湖四名学生蒙冤事件调查

少年之惑令人深思

他们的"牢狱噩梦"

强忍着过我讨厌的生活

——焦华日记摘抄

校方不为蒙冤学生平反 "赔偿协议"耐人寻味

在警方的调查中，一位目击者称曾看到有4个小青年对刘之华进行殴打，她见状后立即跑回去通知了刘的家人。另外也有两名证人证实曾在9月2日早上在案发现场附近看到有4个小青年在散步，警方由此确定犯罪嫌疑人是4个年轻人。

9月8日，就在刘之华死后的第二天，居巢区一农民李某到办案部门反映，该案可能是其邻居张佑龙家的两个儿子张峰、张虎干的，理由是刘之华遇害当日，李某的母亲悄悄对他讲，张佑龙家"世代都不是好东西"。如此荒唐的理由和线索，警方竟然当了真。

此外李某还反映，在刘之华遇害之前那天的晚上10时许，张佑龙的母亲到张佑龙家很神秘地寻找焦裕、焦华、王东峰及其同学4人。"作案人数"又一次吻合，警方更深信不疑。

9月9日晚，居巢区公安分局刑警大队办案人员传唤焦裕，经过5个小时的"思想工作"，焦裕透露说，听其父母议论，该案可能是其哥哥焦华和王浩、张峰及张虎4人所为。

就根据这些所谓的"证据"，居巢区警方于9月10日将张虎等4人刑事拘留。冤案的祸根就此埋下。

有全国优秀青少年维权岗称号的检察机关没能抵住政法委压力

刑事拘留期间，王浩被审讯14次，其中10次作有罪供述，4次作无罪供述；张峰被审讯14次，3次作有罪供述，11次作无罪供述；焦华被审讯8次，2次作有罪供述，6次作无罪供述；张虎被审讯9次，3次作有罪供述，6次作无罪供述。

2005年10月8日，居巢区公安分局提请检察机关对王浩等4人批准逮捕。

巢湖市居巢区检察院因为办案过程中多次出色地维护青少年的权益，曾获得“全国优秀青少年维权岗”的称号。这一冤案本来有可能到此打住，因为该院负责任的检察官对警方提请逮捕的案件材料经过认真审查后认为，该案证据之间矛盾点较多，不能形成证据链，4 名犯罪嫌疑人先供后翻、时供时翻，并没有铁定的说法。

检察机关经过对 4 名犯罪嫌疑人提审后发现，4 人都认为自己所作的所谓“有罪供述”，是听到别人议论以及在公安机关侦查人员的逼供诱供提示下编造的，并非自己的真实想法或案件的实际情况。

2005 年 10 月 17 日，居巢区检察院果断作出了不批准逮捕的决定。但最终，基层单位仍没能抵抗住来自上级部门的高压。

为争取办案时间，防止被害人家属上访，巢湖市公安局和居巢区公安分局分别向市、区两级政法委汇报，请求协调批捕。在巢湖市政法委的“协调”之下，短短 4 天后，2005 年 10 月 21 日，居巢区检察院撤销了原不批捕决定，并于当日批准逮捕。

不过，居巢区检察院还是向警方提出了最后一个有约束力的要求，那就是移送起诉的材料必须过硬，警方必须在原来卷宗中补充扎实的内容。

从 2005 年 10 月 21 日批准逮捕直到 12 月 15 日，公安机关为将案件办成“铁案”，继续对 4 名无辜学生开展了包括技侦、测谎等大量侦查工作，但还是无法把证据链不足的硬伤抹平，最后只好对 4 名“犯罪嫌疑人”实施取保候审。

真凶被抓，4 名无辜学生才得以洗脱罪名

2005 年 12 月 26 日，办案民警在摸排中发现，案发现场附近的出租房在 8 月中旬有外地人租住，通过租房人留下的手机号码，几经周折，警方在安徽省全椒县（滁州市辖）找到了 19 岁的无业女青年于某，得知其曾与男友王伟及王的朋友房某、刘某等人在那里租房居住。

进一步的审查得知，2005 年 9 月 1 日晚，王伟和其朋友房某、刘某等 4 人在出租房内庆祝房某的生日，4 人饮酒至次日凌晨后，突然心血来潮出去跑步锻炼。早上 6 时左右，4 人分两批回来，王伟和房某身上有多处划伤，并称是在市政府门前水塘游泳时发现有一个虾笼，因为好奇就从水中提起来看，没想到正好被虾笼的主人看到，以为他们要偷虾，张口就骂，结果双方发生殴打，他们 4 人将虾笼主人狠揍了一顿。后经证实，虾笼的主人就是农民刘之华。

根据于某提供的这一线索，居巢区警方确定此 4 人有重大犯罪嫌疑，立即开展追捕工作。2006 年 1 月 19 日至 22 日，警方相继在上海、合肥及宿州市的灵璧县将 4 名犯罪嫌疑人抓获。经审讯，4 人对犯罪事实供认不讳。

至此，在取保候审 1 个多月之后，4 名无辜的学生终于在 2006 年春节来临之前的 1 月 23 日，被解除了取保候审。

在号子里，吃不饱穿不暖，动辄要挨打受骂

在长达 100 天的牢狱生活中，4 名原本清纯的学生遭遇了办案人员实施的“车轮战”等闻所未闻的折磨：侦查人员轮番进行审讯，不让你有片刻休息，哪怕是合眼的机会；有的人还被罚站、罚跪十几个小时，或是双手整天都被铐在墙上。经过最长达五六天的煎熬，4 人最终精神崩溃，被迫作出违心的供述。

经安徽省公安厅派出的专门调查组调查发现，对 4 人的很多次讯问笔录没有起止时间、没有讯问地点、没有讯问人、没有记录人。

刑讯逼供之后获得的是高度一致的口供：当晚一起吃饭，在吃饭时就约好夜里去打电子游戏，到次日凌晨 4 时，又一起到市政府门前水塘里洗澡，并与刘之华发生纠纷，继而殴打，然后逃离现场。就连现场上的一束花，王浩都承认是从马路边摘下后放在现场的。

安徽省公安厅认定，这是毫无疑问的变相的刑讯逼供。

审讯完毕回到牢狱中，4 人也没有什么好日子过。在被羁押看守所的 3 个多月时间里，他们吃不饱、穿不暖，家里人送些衣服也被禁止。

在看守所的号房里，谁待的时间长，资历深，就要听谁的，4 人动辄要挨打受骂。

据全国律协保护未成年人专业委员会副主任孔维钊律师介绍，按照法律的规定，未成年的少年犯应该与成年犯人分开关押。4 人中，除一人刚满 18 岁，其他全是少年。却和成年犯人关在一起，让 4 名青少年学生白白遭受了更多的欺凌和屈辱。

张虎的父亲清楚地记得孩子从看守所出来之后在大门口说的第一句话："这到底是怎么回事？"话音未落，父子俩已禁不住泪流满面，抱头痛哭。

众多疑点被公安机关"忽略"

据交代，案发当天，即 2005 年 9 月 2 日下午，为逃避打击，王伟等 4 名犯罪嫌疑人便退掉租的房子，分散逃往外地。就在当天下午，房东又把该房出租给其他人。但由于警方办案人员粗枝大叶、调查走访不深入，当看到新的租房人符合"小青年"这一条件时，便轻易地放过了重大线索。如果调查人员责任心更强些、调查更细致一些，能了解到租房人员的变化情况，真正的犯罪嫌疑人就会很快浮出水面，这起错案就不会发生。

检察机关在审查批捕的过程中就发现了 4 个方面的问题，如果公安机关的办案人员对其中的每一个问题都认真对待，作为重大疑点，就不会导致在错误的道路上越陷越深。这些疑点包括：

——王浩等 4 人有无作案时间不难确认，因为事发当晚 4 人都在家中，其中王浩和父母睡在一个屋内；

——案发后，现场被害人所骑的三轮车被公安机关从水塘里捞出，但王浩等 4 人均不知道三轮车是如何落入水塘的；

——王浩供述在路边采了一束粉红色的花，但现场勘察照片上反映的是大红色和黄色的花，颜色不一致；

——王浩等 4 人供述案发当日所穿的衣服、各自实施的故意伤害行为、逃离现场的路线等与现场目击证人的陈述相差较大，且现场目击证人均不能指认这 4 名犯罪嫌疑人。

但问题是这些疑点都被公安机关"忽略"了。当检察机关列举出这些问题时，公安机关的办案人员不仅没有去认真调查核实，也没有对检察机关不批捕的决定依法提请复议和复核，而是简单地依靠上级协调、施压，导致错误案件无法及时得到纠正。

“某些公检法机关工作人员在执法、司法过程中，片面追求结案率和办事效率，是造成弥天冤案的根本原因。”一位专家指出，正确的司法才是实现正义的关键。国家权力的行使最终要以保护公民合法权益为依归。本案中，因为片面追求办案效率，执法和司法人员对法律精心设计的执行程序、保障公民权利的制度疏忽大意，丧失公平正义就是自然结果。

据最新消息，办案部门与受害学生家长已签订协议，赔偿 4 人每人 6 万元。直接导致错案发生的居巢区公安分局的 3 名办案刑警，近日已被检察机关以涉嫌刑讯逼供立案侦查。

2006 年 9 月 11 日

强忍着过我讨厌的生活

——焦华日记摘抄

本报记者 / 黄勇

被捕前：我是属于乐天派的阳光男孩，我要造就一个不平凡的我

我是属于乐天派的阳光男孩，对什么都充满了好奇心，对自己特别有信心，有种初生牛犊不怕虎的感觉。

我对自己人生之路的设计算不上辉煌，但它至少是一片光明的。

我计划现在认真学习、训练。虽然我的文化课不好，但我在努力学，也有一定的起色。在体育方面，我计划在高二学年结束前拿到国家二级运动员证书，高三再拿到国家一级运动员证书。我理想的大学是上海体育学院，然后在学校里去参军，当一名军人。

我想在我的人生道路上做些有意义的事，因为我很年轻，用我以前老师的话来说，就是一个“刚长羽毛的雏鹰”。我喜欢挑战，我不认为我的人生道路会是平凡的，我妈生下了一个平凡的我，但我要完善自己，造就一个不平凡的我。

我认为当前的社会充满正义感，我对任何人都有一种信任的心理。

出狱后：我现在体会到的全是失败，生活中没有什么是值得我自豪的

我不再是以前的焦华了。以前那个充满乐观主义的焦华，已经被他敬佩的神圣而伟大的警察给抹杀了。

以前我太过幼稚，看不出社会还有如此黑暗的地方。现在的我不愿意过问任何一件事情，因为它与我无关。我同情别人，别人也不会同情我，也不会说我是个好人。

自信？我很久没有体会到了。我现在体会到的全是失败，生活中没有什么是值得我自豪的。过去我把自己的人生道路想得太完美了。

唉！假如我们家里有个什么关系，刑警队的人就不会轻易地把我们抓起来，更别说把我们关上 3 个月。我遇到的警察和我过去想象的有天壤之别。他们为了破案立功，出卖了警察的尊严。他们给我的印象就是丑陋的小人，他们愧对那一身庄严而神圣的制服。

我现在觉得自己的前途很渺茫，根本就不知道怎么计划未来。我现在的体育成绩可以用可怜来形容，上场比赛根本就不敢想拿前 3 名，它离我太遥远了。以前是别人怕我出场比赛，现在我怕以前那些怕我的人。

我根本就不想上学了。老师讲的我一点儿都不懂，也受不了众人的眼光，因为我是坐过牢的。还有人在我背后说我是家里人花钱把我弄出来的，我的人格严重地受到伤害。我之所以回来上学，还坚持练体育，是不想让爸爸妈妈为我担忧、伤心。他们为了我受了很多苦，我欠他们的太多太多，一生都无法偿还。有时候我真的很恨自己，我是一个灾星，给家人带来那么大的痛苦。我刚回来时听说，爸爸为我差点儿变疯了，当我听到这句话时，我心如刀绞。

我现在强忍着过我讨厌的生活，一个没有目标、没有理想的人。

2006年9月11日

他们的“牢狱噩梦”

本报记者 / 黄勇

第二次提审时，有人把我铐在墙上。警察对我讲他们几个人都承认了，不相信的话可以把他们的口供拿给我看。我就表示要看口供，谁知那个警察就冲过来打我嘴巴，打得相当重。我在墙上大概被铐了两个多小时后，这个警察拿了一份口供给我看，并用手把上面和下面蒙着。我因为连续几天没睡觉，精神实在支持不住，再加上心里害怕，不知道怎么回事就开始瞎编，说是我们干的。我讲的大概跟现场情况不符合，审我的人就开始提示我，我就根据他的提示一步步编了事情经过。

10月26日晚上（年份为2005年，下同。——记者注），我又从含山县看守所被带到巢湖。这一次他们连续审了我4天4夜，没让睡觉。其中有一天，我从早上被铐在墙上站着，一直站到晚上，两条腿都站肿了，跟他们讲也没人理睬我。

——张峰

有人把我带到审讯室，铐在椅子上，开始审问我，一直审了一天，中间换了几批人，我始终坚持讲我没干。第二次提审，我还是没承认，磨了一天，到了晚上，一名警察跟我说要再不承认就把我废掉，然后就把我铐在门后面，罚我跪着，并说你什么时候把事情讲清楚什么时候站起来。我就这样在地上跪了

1个多小时后，实在受不住了，就开始胡编。他说我讲的不对，并说你跪着再想想，想起来了再站起来。

从11月2日开始，一直审到11月7日，他们都没让我睡觉。我被他们用两个手铐铐在铁栅栏上，他们叫我赶快承认，否则就把我家里人都逮起来。

——张虎

他们跟我说，我家里人都承认了，我根本不相信。就这样，他们一连审了我好几天都不让睡觉，最后我实在支持不住了，就开始胡编。这时就有人提示我，还有人画图给我看。11月的一次，也是连续五六天不让睡觉，在审讯过程中不断有人吓唬我，还讲要找人打我，把我打成残废。

——焦华

我第一次被带到审讯室就被铐在墙上，一直站到第二天早上。开始审讯时，一个自称姓王的走到我跟前，用拳头使劲往我胸口打，非常痛。还有一个自称姓项的把皮带拿出来，在桌子上打得啪啪响，并说再不招就打我。

审讯时他们还跟我讲，有一个案子里面的人态度好，承认得快，他们公安局就到法院去讲情，结果那个人判得很轻。由于我很害怕，就承认是我干的，并胡编了过程。公安人员不断地提示，我就根据他们的提示讲。后来，他们又重新做了一份笔录，让我签了字。

——王浩

第三十二计

新闻三十六计

空城计

记者这个行当使不得居高临下

空城计

第三十二计

原文

虚者虚之，疑中生疑；刚柔之际，奇而复奇。

直译

虚弱的一方面对强敌，示人以虚弱，会使别人疑心之中再生疑惑；在刚柔混杂的情况下，用这种阴柔的方法对付强大的敌人，这是奇招中的奇招，会收到意想不到的效果。

运用关键点

从字面意义上说，空城计运用的最终结果是『退敌』，让对方离开，这与新闻采访本质上是要接触对方、融洽对方的要求是相悖的。但仔细辨析『空城计』的本质内涵，在通过『示弱』取得自身的主动权这个层面上，空城计与新闻采写的客观需求又是匹配和一致的。

采访手记

记者这个行当使不得居高临下

寻求和琢磨三十六计中的每一个具体计谋与新闻采写本质上的暗合，是真正有价值的事情。本质上的暗合，意味着不是在具体的操作层面，而是在认识事物发展变化的“规律”层面的一致。

比较接近当下和现实中新闻采访工作逻辑的是“空城计”本质含义中的一个重要方面：“示弱”！通过示弱获得工作中的主动。

所谓的“示弱”，在新闻采访的工作语境中，更客观准确的表达是“谦虚谨慎”。特别是面对强势、复杂和微妙的工作对象、工作环境，包括我们经常遇到的对方的表达欲和控制欲都很强的情势。这个时候让对方放开说，而记者本人，做一个乖巧的听众和吐槽对象即可，这样，反而会博得采访对象的好感和亲和力，会有更多的猛料到手。

经验和教训都告诉我们，如果想以居高临下的、审视采访对象的态度去采访，去“示强”，很多时候必然是一无所获。一些记者在采访中面对底层的采访对象，用一种逼问和轻慢的语气，摆不正自己的位置，更是对记者这一行当职业操守的一种亵渎。

当然“示弱”不能变成矫情和伪装，变成扭捏作态，献媚讨好。对于友好、简单而坦诚的对方，平视是最好的姿态，也是最得体的一种“示弱”。

以谦虚谨慎的态度对待每一个采访对象，我们最终的收获才会“奇而复奇”。

从这个层面去推广和理解“空城计”，我们可以联想到的一个最接近的词是“虚怀若谷”，是一种境界上的相通。

特别需要指出的是，因为“空城计”涉及采访中应普遍遵循的一个基本准则，所以在此就不再提供具体的案例。

新闻三十六计

第三十三计

反间计

告诉对方我的猛料多多

反间计

第三十三计

原文

疑中之疑，比之自内，不自失也。

直译

在疑阵中再布疑阵。使敌人内部自生矛盾，我方就可万无一失。

运用关键点

识破对方的阴谋诡计，巧妙地利用对方的阴谋诡计攻击对方。关键是『以假乱真』，造假造得巧妙，造得逼真，使敌人上当受骗，信以为真，作出错误的判断，采取错误的行动。

采访手记

告诉对方我的猛料多多

新闻采访主要是获取事实真相，而极少记者反过来对新闻事实涉及对象进行“某种操控”，因此在实战中反间计使用的案例比较罕见。我这些年的新闻采写经历，也只是幸运地遇到了一次。

是我任中央媒体地方驻站记者时，对安徽省一地级市时任主要市领导腐败问题在秘密采访后进行了内参曝光。这个市领导的主要问题是不仅收受贿赂，而且根据收受款额的多少，对给钱少的，他认为比较“抠门”的企业进行报复打压。

内参得到了中央领导的批示，并发回地方要求处理。因为内参原件上署上了我的名字，没想到对方通过一个熟人的引荐，派他的一个手下来找我，主要目的是刺探“军情”——我是否还要继续写下去，是否还有知道的情况没有写。

尽管实际上我的内参中已经把了解的主要情况写入，但我将计就计告诉对方，当然还有情况，要继续写，视对方的态度再决定是否写。如果停止打压，我们还可公开报道对企业的支持等，以树立正面形象。

这一招使本来就心虚的对方信以为真，终于彻底收敛了一边大肆收受贿赂，一边随意“整人”的嚣张。当然那些被严重打压的企业心有余悸，有的因此离开了当地，那是后话。但至少这一招达到了写内参遏止官员戾气的目的，彰显了新闻媒体报道推动社会进步的力量。这个官员在退休后因劣迹斑斑从副部级降为副处级待遇，那也是后话。

案例原文因为是内参资料，涉及较多敏感人事，故不在此处列出。

第三十四计

新闻三十六计

苦肉计

把自己灌到醉倒

苦肉计

第三十四计

原文

人不自害，受害必真。假真真假，间以得性。童蒙之吉，顺以巽也。

直译

人们一般不会轻易伤害自己，一旦受到伤害必定会令人深信不疑；假的可以变成真的，真的也可以变成假的，真真假假相互并用时，离间的计谋就能够得以实现了。要善于像欺骗幼童那样迷惑敌人，这也是顺势而为的手段。

运用关键点

为了取信于对方，必须进行有『自我伤害』的举动，获取对方的赞许、赏识，因而深信不疑，使我方能从对方处获得我们最需要的东西，或是为采访营造良好的相互信任的氛围。

这种『自我伤害』的形式，往往要根据情况进行灵活处理。但其中的核心实际上是记者这个行当对从业者的基本的要求，就是在关键的时候，要敢于做必要的自我牺牲！从这个意义上推而广之，『苦肉计』实际上是记者这个群体中很多透支自己的健康和生命来工作的同人经常使用的『壮举』和『义举』，可以远远超越『策略』的范畴和高度！甚至是值得尊敬的记者这个行当的真实写照！

实战案例㈠

《中国青年报》 2000/11/24

《乡干部竟设牢房拘禁两百人》

采访手记

把自己灌到醉倒

为了说明问题，帮助读者熟悉和理解这个“计谋”的意思，还是举一个狭窄含义的案例。

2000 年 11 月 8 日，安徽省利辛县司法机关向社会公布了一起特别的案件审理结束，三名乡干部竟私设监牢拘禁 200 名群众，受到惩处。但这个听起来骇人听闻的案件到底有何详情？这几个干部受到了怎样的处理？大家可以想象的是当地肯定对具体情况讳莫如深。

我们把人脉梳理了一遍，发现在当地公检法三家单位中，检察院是最熟悉的，和一位检察长还有过来往，显然他是我们可以去公关的主要对象。但可以想象的是，我们见面之后，尽管熟悉，对方还是很有顾虑，他说：案子比较大，起诉书就在我包里，但真是不敢给你们，怕上面怪罪。

这话没有说绝，透着还有一线希望的味道，让我们看到了回旋的余地。我们就一直叙旧，磨到中午吃饭时间，那个时候对公务接待没有禁令，我在往饭店的路上就悄悄和同伴靳生商量好，中午的酒一定要喝好！在那个时候的安徽北方，中午这一顿酒要是喝得不痛快，就啥事都别提了！反过来，酒要是喝出了感觉，一切都可通融。

由我频频敬酒，主喝主敬。靳生进行策应，保持清醒。不一会儿，一瓶酒就见底了，开喝第二瓶，一直喝到检察官开始和我们互称兄弟之时，我趁着还没全醉，提了个要求：把起诉书给我们看一眼吧。

果然，这个时候对方已经没有什么过多的设防，很爽快地说：那就看一眼吧，看完再给我，可以抄录，但不能带走。我赶紧给靳生使了个眼色，一边站起来给对方敬了一大杯酒，一边让靳生赶紧外出以上厕所为由，迅速复印两份。

记录详细案情的起诉书复印完，此次采访最核心的人物即大功告成。我回去后酩酊大醉，一直睡到第二天早上酒醒。

稿件刊发后引发的巨大反响，让我们觉得这一点“苦肉计”的付出，也是值得的。

2000 年 11 月 24 日

乡干部竟设牢房拘禁两百人

本报记者 / 黄勇 靳生

2000 年 11 月 8 日，安徽省利辛县司法机关向社会公布了一起特别案件的审理结果。三名年龄不超过 30 岁的利辛县孙庙乡干部林明、袁志东、李鹏以办人口学校为名，私设牢房非法拘禁乡村群众 200 余人，分别受到了法律的惩处。

去年 5 月 18 日，作为安徽省检察系统先进单位之一的利辛县检察院，在全省较早开展了“举报宣传周活动”。就在举报周活动开始的第一天，两位来自该县孙庙乡的举报人在检察长丁雷的桌前连喊冤枉。这个骇人听闻的案件开始掀开一角。

可怕的牢房

记者 11 月 17 日下午从利辛县城驱车一个多小时来到孙庙乡，目睹了林明等人为拘禁群众私设的牢房。

与乡政府仅一街之隔的牢房设在原乡派出所内，1997 年 8 月派出所搬家后便闲置。三间牢房是原派出所的留置室，紧靠在厕所边。从一间房子往里走，记者看到了一扇新砌的窗户。据林明等人交代，这个窗户的位置原来就是他们私设的牢房的铁门，关押群众期间，铁门每天紧闭，由林明雇来专人看守，无法出入。

三间牢房阴森恐怖。房间内窗户被封死，没有一丝光线，室内也没有任何照明设施，卫生条件极差。三间牢房外原来有一个没有男女之别、仅用一张破席子遮挡的厕所，由于被关押的群众除了吃饭时间被允许短时间放风，其余时间禁止随便外出，大小便就全部在室内，因此只有一个小便盆的房间里整日臭气熏天。被关押的群众全部自带被褥，睡在地下，整日与蛆虫为伴。由于室内光线很暗，在押者一不小心就踩上粪便，弄得全身污秽不堪。

由于林明等人关押群众的目的就是榨取钱财，因此那些一时拿不出钱财或者家里实在贫穷的群众就只好逆来顺受，在牢房中遭罪。

汝寨村年已六旬的老太太马月荣在牢房中一关就是 170 天，创下了被林明等人拘禁的最长纪录。因其儿媳“偷偷怀孕”的罪名，她于 1998 年 12 月初的一天早晨被林明带人抓走。马家一贫如洗，破旧的房子还刚经过火灾，根本拿不出钱来。结果由于被关时间太长，过去身体很好的马月荣耳朵已经快聋了，接受记者采访时，多亏其儿子在一边大声提醒。

一位叫马引的产妇竟因“无证怀孕”的“罪名”，被关 11 天，最后在“牢房”中生下一个孩子，受尽了折磨！马引的父亲马学义和妹妹马三引得知情况去牢房探望，却被林明等人无故扣留，以替换马引为理由将马学义关押两天，马三引也被扣留半天。

林明等人还经常威逼被抓的人承认其有错，不承认便是一顿毒打。高堂村的李会九坚持不认错，被林明打得跪倒在地。林明猖狂地说：“我让你咋说，你就咋说，我就是犯法，也得打服你。”

夏郢村的程西杰被关 12 天后，又遭到林明的一顿暴打，实在受不了折磨，向林明苦苦哀求后，让其妻马勤英代替，结果马勤英在被关期间晕倒在牢房中，才被其家人急救出去。

颠倒的黑白

从 1998 年 12 月 3 日开始，到案发的 1999 年 5 月间，刚当上乡干部的林明、袁志东、李鹏等三人以办人口学校为名，配备打手、专车，以超生、无证生育、妨碍公务等莫须有的“罪名”，甚至根本就没有任何理由，将涉及孙

乡干部竟设牢房拘禁两百人
其中一位产妇被关11天，最后在粪便遍地的牢房中分娩，受尽了折磨！

庙乡22个村的200多名无辜群众从家中抓走，非法关押拘禁，还有一些外乡到孙庙办事或走亲戚的人，正赶上林明等人的抓捕，也被投入牢房。

据司法机关调查，这些被抓的人根本没有任何过错，而林明等人却硬是强加给他们各种稀奇古怪的“罪名”。

——被关30天的刁西英、王琴、肖氏罪名是“儿媳误检”。

——去乡里办妇检的范胜真却因“误检”被扣一天。

——正在申请办理准生证的李艳梅以“无证生育”被扣，村支书汝子民出面担保才被放回。

——因难产乡里无法处理、到县医院做手术的李英，被抓的理由是未“定点分娩”。

——李俊兴因儿子李兰超去东北打工，被关10天。

——罗来因为帮其姨妈带孩子被关7天。

——李良华因家属“误检”被关2天。

——罗士英因“儿子超生”被关60天。

——李守凤外出打工期间生了孩子，回家后被关2天。

——邴继梅因“刚结婚就怀孕”被关半天。

——李洪秀因其四子李兴中外出打工7年，被关110天。

——主动去乡里做人流手术的周平无缘无故被扣3天。

……

疯狂的贪欲

利辛县是国家级贫困县，通过骇人听闻的拘禁、敲诈手段，在不到半年的时间里，林明等三人竟然敛财高达16万元，私开账户中饱私囊，并用于行贿乡领导。

林明等人拘禁群众的目的只有一个：敛财。他们把群众投进私设的牢房，只有给足了让他们满意的赎金，才能把人放出来。

——被关 30 天的双庙村民萧芳交了 3500 元后才被放回。

——双庙村民汝子佩因在外打工多年，有些积蓄，成为重点敲诈对象，结果 1998 年 12 月 12 日被抓后关了 18 天，交出 8000 元后才被放回。

——儿子在外打工的田庙村民李俊兴 1998 年 12 月 31 日被抓，被关 10 天后因村长出面讲情，以优惠价 1000 元被放回。

——儿媳只生了一个孩子，但后李村贾凤英却因“超生”被关 10 天，其子李华为其交了 3000 元后将其赎出。

——后李村罗时亭被关 10 天，交了 4000 元钱后放回。

——为其姨妈带孩子的罗来被关 7 天，罚款 1700 元。

——周庄村罗运民被关 12 天，经村干部周新杰担保，交出 1000 元后被放回。

——孙庙村孙明秀因及时交上 3000 元，只被关两天一夜。

——周长郢村谢之云被关 10 天，交了 3400 元后才被放出。

——周立勋、周立富、周国云三人共同被抓，被关 5 天后，1999 年 1 月 16 日一起交给林明 10000 元才重获自由。

——夏郢村夏得华被关 24 天，罚款 3900 元。

——老家村张学升被敲诈 2200 元、王侠被罚款 2000 元、张学叶被敲诈 5500 元。

……为了凑足这些钱款，有的是多方举债，有的变卖家产、房产，从此一贫如洗。

失望的判决

据记者了解，尽管林明等人作恶多端，林明还有提供伪证、贪污挪用公款、给上级领导挪用公款提供便利等多项不法行为，但法院判决的结果却是林明被判处有期徒刑三年、缓刑三年；另外两人分别被判处两年和一年有期徒刑，并分别缓刑两年和一年。对于如此从轻的发落，孙庙乡的群众大为不满。

在接受记者采访时，多名曾被关押的群众气愤地说：“拘禁对我们身心的折磨姑且不说，难道我们因此耽误的时间就白搭了？”

第三十五计

新闻三十六计

连环计

充满正气的普通员工的力量

连环计

第三十五计

原文

将多兵众，不可以敌，使其自累，以杀其势。在师中吉，承天宠也。

直译

敌人兵多将广之时，不可与之硬拼，应当施以计谋使他们自相牵制，以削弱他们的实力。将帅能巧妙地运用这一计谋，持中不偏，就会得到天神保佑，最终战胜敌人。

运用关键点

这一计谋的一个关键词是要设法让对方『自累』，自己牵制自己，从而削弱其本来的气势。这也是本计与第九计『隔岸观火』最大的区别之一，即敌对的势力就是一方，而不是互相有矛盾的两股力量。两个计谋的区别之二是，『隔岸观火』讲究的是面对矛盾错综复杂的『敌对』各方，静观其变，等他们自相厮杀后坐收渔利，而『连环计』讲究根据对『敌方』情势的研判主动施策，一招出手后环环相扣，达到让对方自相牵制的目的。两个计谋本质上的相通之处就是遇到复杂棘手的情况，或对方很强势一时很难推进的情况，都不要硬拼，而要有变通之策，要用曲笔。

实战案例㈠

安徽日报报业集团《新安晚报》 1995/8/30

《五百万黑洞谁来填》

采访手记

充满正气的普通员工的力量

《五百万黑洞谁来填》文章发出后，因曝光的对象是一家国有大企业的一把手，很有实力，记得当时对方带着几个随从，坐着纯进口、价值近百万的凌志车（现在叫“雷克萨斯”），驱车几百公里来到省城的报社兴师问罪，然后很快反咬一口，正式到当地法院起诉我侵犯名誉权，这是我第一次正儿八经当“被告”。

如果不采取一点措施，想仅靠一篇报道就扳倒这个强劲的贪腐分子较难。好在有企业里大量切身利益受到侵害且充满正气的职工，当我得知他们在文章见报后准备进一步去市委、市政府等部门反映情况的消息后，便建议他们多加印一些刊发报道的《新安晚报》，因为这张都市报当时在安徽影响力最大，我的建议得到他们的采纳，大家一起凑钱加印了总共 3 万份报纸，除了去市委、市政府反映情况的同志每人人手一份，大家还在几个闹市区的街头广为散发报纸，几万份报纸被市民一抢而空。

就是这一招配合企业职工的举报，在当地引发了强烈的关注。因为这个厂长在当地起诉我们，本来有可能出现的最常见的地方“官官相护”的局面被打破，当地检察机关在第一时间立案，不到半个月便宣布逮捕这个在当时涉案数额较大的贪腐分子。这个时候，我做被告的案件还没有到开庭的时间，按照法律的规定，也永远不再会开庭了。

1995 年 8 月 30 日

五百万黑洞谁来填

本报记者 / 黄勇

芜湖市大众服装厂 500 名工人眼睁睁地看着这个有 40 年历史的老厂在不到一个月的时间里从蒸蒸日上突然陷入瘫痪的境地。

事情源于一起借款合同纠纷案。芜湖市邮电局去年（指 1994 年——记者注）上诉省高级人民法院，状告大众服装厂 500 万元借款逾期不还。省高院受理此案后，根据《民事诉讼法》有关规定，曾先后两次下达查封（扣押）命令。对大众服装厂所有的固定资产价值共 235 万余元予以查封。今年 7 月 11 日，又冻结了该厂的账户，大众服装厂顿时断“炊”。

如此巨额的借款事出有因。1992 年下半年，大众服装厂时任厂长黄德祥以帮助厂里开拓市场，发展芜湖服装城并在深圳设置贸易窗口为由，从芜湖市邮电局借款 500 万元，合同规定借款期限为 10 个月，从 1993 年 2 月 20 日至 12 月 25 日止，年利息按 14% 计算，逾期加收 20%。借来的 500 万元除了 50 万元借给一担保的厂家外，其余全部于 1993 年 3 月 2 日汇入黄德祥在深圳设立的账户。黄德祥当时曾许诺一年可净赚 200 万元，从那时至 1994 年 3 月黄德祥调离的一年中，除黄德祥外，大众服装厂没有一人插手这几百万元的运作，厂财务科长（兼主办会计）更是对黄德祥在深圳的账目一无所知，人们只是在黄德祥从深圳回来的几次谈话中隐约知道黄在那边做起了房地产生意，并因全国房地产热降温，情况有些不妙。1993 年 10 月，芜湖市邮电局曾派人赴深圳了解黄德祥的情况，得知黄竟用 50 万元放起了高利贷，其间厂里也有人赴深圳，黄德祥指着只盖到三层的楼说，他投资的房屋是七至九层。黄德祥调离后，厂里派人赴深圳了解情况，除了查到 4 套单身公寓外，别无他物。1994 年 4 月，即黄德祥调离后一个月，深圳一客商拿着一纸 8 万元的合同来大众服装厂要钱，厂领导突然发现合同上的“芜湖市大众服装厂”公章有些异样，一查方知，黄德祥在深圳私自雕刻了“芜湖市大众服装厂”公章及厂财务专用章、合同专用章共三枚，从事非法经营，但经营的具体内幕，至今对厂里来说仍是个未知的“黑洞”。

1994 年 3 月，芜湖市纺织工业公司以“扭亏有方”为由将黄德祥调往芜湖市第二棉纺厂任厂长兼党委书记，离任时并未审计其 500 万元的经营情况，“黑洞”仍盖得严严实实。

厂领导对这个 500 万元的黑洞尚不明真相，厂里的工人就更是一无所知，直到今年 7 月中旬法院到厂里执行扣押令时，“黑洞”揭去遮盖，露出“洞口”。一位在厂里工作 30 多年的老工人对记者说，今年以来，厂里形势本来很好，工人的工资达到了建厂以来的最高峰，6 月份他就拿了 580 元，但 7 月份厂里账户被冻结后，是新任厂长东挪西借才给每个工人发了 100 来元的生活费，8 月份的工资又不知从哪里来，难道这个由前任厂长一人掘下的 500 万元的“黑洞”要由几百名工人的血汗来填平吗？

省高院的扣押令生效后，引起了一系列连锁反应。厂里花了大钱聘请和培训的 17 名技术员眼见厂里的形势难测，便不辞而别，与厂里有联合加工业务的繁昌、无为等多家服装厂纷纷催款，并拒绝按时发货，直接影响了大众服装厂外贸加工任务的完成，使该厂面临着外商高额索赔的危险。大众服装厂现任厂长杨三保满脸愁容地告诉记者：由于这笔借款拖欠时间太长，利息另加 20%，按规定，厂里每年光是付利息就要支出 150 多万，基本上相当于全厂一年的纯利，这样下去，500 万的黑洞永远也无法填平。

7 月份以来，大众服装厂多次向上级反映情况，但有关部门调查后却不了了之。据悉，芜湖市主要领导在获悉情况后已作出批示：一定要查清事实真相。

第三十六计

新闻三十六计

走为上计

谎称上厕所离开了现场

走为上计

第三十六计

原文

全师避敌。左次无咎，未失常也。

译译

全军后退，以避开强敌。这种退却与军队驻扎在左边或右边这种正常用兵之法并不相悖。

运用关键点

（见第二十一计『金蝉脱壳』运用关键点）

实战案例㈠

《中国青年报》特别报道 2005/12/28

《天堂里有没有圣诞夜》

采访手记

谎称上厕所离开了现场

2005 年年底广东中山坦洲镇的那一场夺命大火的采访，因为当地相关部门为避免事态影响太大，对新闻采访采取不合作的态度，使得采访的难度加大了许多。好在我们通过无中生有（第七计）的计谋获得了死难者家属的地址等重要线索，使采访获得了突破，并在采访中取得了死难者家属的信任，得以继续通过浑水摸鱼（第二十计）的办法乔装死难者家属，一起进入存放死者遗体的殡仪馆太平间，去进一步证实死者的具体规模，使采访取得了宝贵的进展。

当我作为死难者家属团队的一员，得以在处理善后事务的地方官员的眼皮底下堂而皇之进入太平间之前，实际上已经有人在怀疑我的身份，因为毕竟那个长相气质和“地方土著”还是有较明显的区别，地方一个官员和死者女朋友的妈妈嘟囔了一句“那个也是你们家人吧”，声音不大，但时刻绷紧神经的我还是听到了。这也是在提醒我，一旦采访目的达到，就立即撤。

为防止我的身份暴露无法继续采访，我们实际提前做好了预案，陪同的同事兼好友靳生一直在殡仪馆附近的林子里耐心地等着我。

我装着一脸悲戚的样子，和死难者家属们一起寻找自己的“亲属”，一边悄悄地在心里默数着地上摆放的遗体的数量，与公开报道的数字基本一致。大约十分钟后，在死难者家属们抽泣的哭喊中，我谎称上厕所，离开了现场。

2005年12月28日

天堂里有没有圣诞夜

——广东中山特大火灾调查

本报记者 / 黄勇

目击者与幸存者记忆中挥之不去的惨痛细节

12月25日23时许，正是人们参加圣诞节狂欢最兴奋的时刻。家住广东省中山市坦洲镇檀岛酒吧正后方不到20米处一幢商品楼的王先生，突然清楚地听到了前面酒吧的一声爆炸。随后，他看到有火苗从檀岛酒吧后面冒出。

此时，在坦洲镇街头开“摩的”的河南人张师傅就在檀岛酒吧的出口处等着拉客，这里每天生意火爆，是摩的蹲守的最佳地点之一。张也听到了这一声爆炸，只不过爆炸声来自五层高的檀岛大厦的后面，他听起来声音有点闷。几分钟后，他就看到火苗从酒吧正门冒出。时隔两天，张还清楚地记得，伴随着火苗从酒吧里蹿出的浓烟，非常呛人。

就在火苗刚开始蹿起时，坐在檀岛酒吧二楼夹层的20岁姑娘黄桂英在黑乎乎的酒吧里听到了让自己下楼领奖的声音。她立即起身下楼，她没有想到这一起身，竟然是她和同伴的生死之隔。黄桂英刚走下窄窄的楼梯口，就听到服务员惊呼：起火了！

这时，她一边顺着墙角摸着往门外跑，一边下意识地回头看一起来的5个伙伴。在昏暗的火光照映下，她隐约看到他们也在起身逃离。等到她跑出酒吧之后，她才知道是从后门出来的。惊魂未定的她转到正门时，消防部门已经来了，她没有看到同来的 5 个同伴，在消防部门灭火的时候，她几次想冲进后场或是去看一下从后场内拉出的已被烧黑的人，都被挡了回来。黄桂英大难不死，同去的 6 个人，只有她一个人跑了出来。

梁淑娟今年刚满 19 岁，是与黄桂英在檀岛酒吧欢度圣诞节的 5 个同伴之一。12 月 27 日 11 时，梁淑娟妈妈黄雪珍对女儿残存的一点希望也彻底破灭了——坦洲镇负责此次火灾事故处理的人员给家里打来电话，要她当天下午 1 时到中山市殡仪馆辨认遗体。黄雪珍告诉记者，火灾当晚，女儿到镇上去，家里听说出事后，不能确信女儿是否和男朋友去的就是檀岛酒吧，就开始拨打他俩的手机，电话是通的，但都没有人接。后来再打，是派出所的人接的，并告诉他们是在火灾现场捡到的手机，但人已不知去向。

12 月 27 日下午 2 时左右，天空阴沉沉，中山市殡仪馆门前聚集的人越来越多，面孔不一样，但表情都是凝重的。按照事故处理小组安排的每家 5 个人的规定，死者家属按顺序到太平间辨认遗体。走进去时还能控制情绪的家长们，在看过几乎面目全非的死难者之后，走出写着斗大“蓬莱仙境”的殡仪馆大门时，大多忍不住放声号啕，闻者无不为之动容……

现场不仅所有东西都成黑色，还有刺鼻气味

记者在当地了解到，酒吧是 2000 年注册成立的，注册资金为 200 万元左右，经营范围只限餐饮，而老板擅自扩大经营范围，一直都没有向相关部门报批，但酒吧照常经营，没被查封。

记者在出事的酒吧看到，现场一片焦黑，不仅所有的东西都被熏成黑色，还有很浓的刺鼻气味。

据酒吧工作人员介绍，出事时正在进行抽奖游戏，他刚刚关了霓虹灯，就发现酒吧天花板上的大灯开始着火。他说，当时，老板告诉他上面有火，赶紧叫人走，他马上跑出来脱了一条消防带，喷水都来不及了。大火点燃了室内的易燃品后，大量浓烟呼呼地涌出来，里面的人拼命挤出来，争先恐后地从前门和后门逃生，他在门口都被撞到了。

该酒吧的一名女服务员很庆幸自己逃离火灾，但当时她把手机落在酒吧了。第二天凌晨，她跑回酒吧寻找时，发现有几具烧焦的尸体，“真是惨不忍睹”。

短短10多分钟的火为何能烧死26人

位于坦洲镇中心5层高的檀岛大厦外观看上去很豪华，前后纵深有10多米，是一个吃、住、玩一条龙的娱乐场所。从表面看上去，怎么也不会把这里和一场夺走26条人命的特大火灾联系在一起，一位事后赴现场查看的领导忍不住说：真是“见鬼”了！

短时间的火或许烧不死人，但一旦伴随的浓烟在一个狭窄的空间里汇集，哪怕人在那里待上几分钟，也是夺命的。这场火灾最致命的就是：死者大多不是被烧死而是被燃烧后无法排出的浓烟活活闷死的。这一点已经得到有关专家的认定。被闷的主要原因是：酒吧的消防设施不健全、酒吧的装饰多为易燃的材料。更重要的是，240平方米的空间里，挤进了100多个狂欢的人，原本不大的门半遮半掩，一进门还有一个供着财神的屏风挡着；房间里为了制造气氛，除了两部电视机打开时屏幕散发的亮光和屋顶的几盏发出微弱灯光，没有其他照明设备。

黄桂英向记者回忆说，当时人们挤成一团。一张平时最多只够坐4个人的小圆桌，最多的要围上10个人，酒吧里的能见度只有三四米，人们的行动都靠刺耳的喊叫声来调节。

记者12月27日下午在中山市殡仪馆太平间里看到，除了脸部和胳膊外，死者身上其他部位的肌肤保存完好，很多人连头发、外套、身上系的裤袋、穿的鞋袜也能辨认出来，像梁淑娴耳朵上的耳环孔依然清晰可见，但他们鲜活的生命却永远地逝去了。

扼腕之痛：死者最大的28岁 最小的15岁

12月27日下午，记者从一位处理事故的领导手中的有26名死难者年龄名单中得知，最小的是坦洲镇中学两名15岁的学生，而最大的一人是来自广西的打工仔，但也不过28岁。

死难者主要分为三部分，绝大多数是坦洲当地已经工作的年轻人，1981年、1983年、1985年出生的居多，少部分是在校学生，还有四五名是客死他乡的打工仔。由于死者面部大都严重受损，对死者身份的辨认主要靠着下列几样东西：依稀可辨的 10 多张身份证、没有被烟闷坏的几部手机和学生证。其中还有两人没有留下任何可供辨认的物件。

教训该如何吸取?

紧跟着事故发生的，是所谓的地毯式安全大检查，这早在人们预料之中。在令人惊讶的死伤人数面前，对大火的迅速扑灭都已变得让人感觉微不足道，因为一切都是亡羊补牢，而类似的教训已经发生了不知多少回。人们在意的是，火灾发生之后当地对待媒体和公众的态度。

首先，当时新闻媒体一律使用政府部门提供的通稿，让人有强烈的“隔膜”感。有识之士指出，特大事故本来是个绝好的消防意识和安全意识教育的机会，但在事故发生的相关细节上遮遮掩掩，不愿把事故作为认真检讨和吸取教训的机会，到底是一种什么样的心态呢?

12 月 26 日深夜 12 时，记者一行连夜狂奔到达中山市坦洲镇，却立即感觉到一种异样的氛围：负责指路的摩托车司机和路人一看我们这身记者的装束，都立即变得小心翼翼，不敢靠近火灾现场，因为一群警察正在四周“严防死守”。

有关部门对现场的保护是无可厚非的。但 12 月 27 日一大早，记者在火灾现场看到，从檀岛大厦门前路过的市民，谁要是在现场附近、哪怕是在对面的马路上多张望一会儿，立即就会有身穿迷彩服的人来驱赶。

从现场侥幸逃出的黄桂英告诉记者，从当地对火灾报道的通稿中看到，檀岛酒吧内部装饰使用的是易燃材料，这是导致火灾发生的根本原因之一，但到底用的是哪些材料，因为现场的灯光昏暗，她其实在经历了一场生死考验后也根本没有概念。她认为，真正的消防意识的加强，是必须把所有的真相告诉人们，给人们一个具体的切切实实的概念，而不是空洞地叫喊要“吸取教训”。

本报记者对伤员的采访和对受难者遗体的探视，都是靠受难者家长的暗中支持，得以“混”进现场，对事故现场图片的拍摄，靠的是偷偷将照相机藏在衣服中。为什么非要让肩负向公众传播更多真相之重任的记者们靠所谓的无聊的计谋在现场“穷混”? 为什么不能让他们大大方方地采访，大大方方了解事情的更多细节呢?

记者在乔装身份时看到，几家媒体的记者无论是想接触伤者还是了解死亡者的身份，都被限制或拒绝。事故处理的官员们手中的一份“12.25 特大火灾事故受难者名单”是绝对不对外公开的，公开的所谓通稿中，一提到火灾的教训，“板子”除了打在酒吧老板身上，还是全社会需要反思的。人们不禁要问，在社会分工中，究竟谁负有对消防监督最直接的责任? 对一家在镇中心闹市口已有 5 年经营历史的重大火灾隐患点，有关部门检查与监管之责任难道还可以推脱给“全社会”?

黄勇主要（调查性）新闻作品年表

年份	刊登日期	作品
1992年	4月10日	陈乃理命案采访实录(刊发媒体:《安徽青年报》晨风周刊)
1995年	8月30日	《五百万黑洞谁来填》(刊发媒体:《新安晚报》)
1997年	12月15日	安徽省委省府公开拒礼——特别纠察队上岗督察
	12月17日	跟踪报道:《公开拒礼难挡悄悄者》
1998年	10月1日	夏日里的罪恶——少女被关地洞58天
2000年	1月17日	工资一拖八个月 安徽黄口镇千余教师集体请假
	1月23日	千余名教师集体请假逼出真话
	1月28日	追踪报道:安徽省人代会通过专题议案
	9月1日	淘金者淘来恶梦不断
	9月18日	安徽严禁下达交警罚款指标
	10月30日	我为什么要偷病历
	11月24日	乡干部竟设牢房拘禁两百人
	11月29日	追踪报道 少数地方干部的庇护值得关注
2001年	10月8日	《困惑的冲卡者》
	12月29日	《安徽50余名打工青年年底追讨血汗钱》
	12月30日、31日	一版连续追踪报道
2003年	12月19日	《最大的发现 最大的解放——20年中国大学生就业走势回眸》
2004年	1月30日	《生命代价为何难换一纸逮捕令》
	8月21日	连续报道
	2月17日	《乡村学子“留守综合征”透视》
	3月13日	41位人大代表联名建议最高人民法院收回死刑审核权

续表

年份	刊登日期	作品
2004年	6月1日	井喷：晓阳村的追问
	6月1日	三协警深夜私闯民宅抓“嫖客”
	6月16日	海南查处文凭批发大案
	7月8日	安徽禽流感疫区直击
	7月12日	国务院调查组离开之后——本报独家调查阜阳奶粉事件善后乱象
	7月20日	灾难性事件受害人维权困难
	8月3日	阜阳力纠劣质奶粉事件善后乱象
	8月6日	阜阳首例销售劣质奶粉案宣判受害者律师法院都说官司难打
	8月4日	湖北：“赌博书记”的咏叹调
2005年	4月11日	基本农田被谎报为坟地和未利用地——对一起侵占基本农田事件的调查
	4月13日	两部委信息发布权之争的背后
	6月5日	海南封堵令终成一纸空文
	6月9日	两份内部罚单揭开惊人黑幕——短信陷阱强掏消费者腰包
	6月25日	五年前高才生支教轰动一时 到今天因丑闻事发黯然退场
	7月6日	死者李威的父亲揭开孩子未能尸检新内幕——村干部让我放弃孩子尸检
	7月11日	监管在各个环节上缺位——泗县疫苗事件深度调查
	9月19日	云南10名大学生及基层就业遭遇人事编制梗阻
	11月2日	监督教育乱收费折戟阜阳
	12月28日	天堂里有没有圣诞夜
	12月30日	连续报道
2006年	2月24日	小医院 大腐败
	3月23日	宿迁三年来首次回应“卖光式”医改
	6月3日	为争就业岗位不择手段铤而走险 安徽一女大学生参与雇凶伤害同学
	6月30日	安徽泗县一学校遭龙卷风袭击倒塌
	7月24日	咸宁医学院违规扩招内幕调查 教育部将实行高校学生学籍电子注册 严把高校“进口”关
	8月7日	三条人命引发的“疑似责任”
	8月9日	校园热情遭遇一连串冷遇 三下乡意外体验带来超值收获
	9月11日	办案人员刑讯逼供 青少年维权岗被迫失守　安徽巢湖四名学生蒙冤事件调查

续表

年份	刊登日期	作品
2007年	1月23日	钱帐物一人管 会计出纳一人兼一些学校教育经费竟是糊涂账
	1月26日	就是不还钱 要钱法庭见 拒不还债企业奇迹般告倒债权人 一审法院尚未判决 二审法院已知结果(3月9日报道追踪)
	2月2日	《安徽巢湖四名学生蒙冤事件调查追踪》 两办案民警被控刑讯逼供 一起错案催生未保法新法条(6月2日报道追踪)
	2月24日	安徽公路春运不涨价成“美丽谎言”
	4月2日	2005年审计风暴有说法 国家体彩中心原掌门人涉嫌滥用职权落马
	4月5日	安徽芜湖9000万国家银行呆账为何难收回(内参)
	5月8日	谁剥夺了我的录警资格
	6月25日	恰同学少年——中国科技大学少年班首届学生速记
	6月28日	安徽高考统分出错始末
	6月29日	《安徽高考统分出错始末》报道追踪——责任追究将一抓到底绝不姑息 教育部适度增加安徽省文科招生计划
	7月14日	又遇淮河大水“小岛”旧貌新颜庄台人的心里很安定
	7月15日	哪里有险情 哪里就有子弟兵 抢险救灾离不了主心骨(淮河洪水系列报道)
	7月16日	降伏“毒蛇”保家园(淮河洪水系列报道)
	7月17日	淮河边,有个大“水口袋”(淮河洪水系列报道)
	7月18日	洪水再大,也要供娃儿上学——探访采访禁区中的庄台学校(淮河洪水系列报道)
	7月19日	安建坤,洪涛中的英雄(淮河洪水系列报道)
	7月25日	淮河抗洪:隔堤相持的天人之战(淮河洪水系列报道)
	7月25日	淮河水患流行语(淮河洪水系列报道)
	10月8日	追问高考“阴盛阳衰”现象

后记　关注新闻采访技巧的伦理争辩

在所谓的《三十六计》的实际运用中，必须面对采访的伦理道德问题。

美国学者肯·梅茨勒（Ken Metzler）在《创造性的采访》（第三版）（中国人民大学出版社，肯·梅茨勒著，李丽颖译，2010 年 3 月第 1 版）中提出，必须关注对采访方法“过度使用”的现象，需要面对的主要有四个范畴：欺骗、背叛、歪曲、侵犯个人隐私。

书中引用的观点是：

“除非条件极为特殊，否则人们有权知道自己正在跟记者谈话。”

“应该让我们的采访对象了解到自己正在对媒体讲话的事实，而且自己所说的一切都有可能被发表出来，我们应该重点关注那些情绪化、无知的被访者，不擅长与媒体打交道的人，或者理解不了话的深层含义的人。”

书中引用的观点还有，必须努力做到“公正、准确、全面和适度”，“公正”的含义包括不沉湎于各种欺诈和诡计，争取获得全方位的信息，同时做到头脑开放和宽容等；“准确”的含义包括尽量与多个采访对象保持接触——多角度挖掘事实真相；“全面”意味着了解新闻事件的方方面面；“适度”意味着充分把握好自己的自律、常识和不错的品位，避免从怪异的角度展现一些不太重要的细节。

在最近几年，采访的伦理问题日益成为公众讨论的话题。报社记者的采访，特别是重大题材的调查性报道，很多在私下里进行，而最终的报道却见诸报端。关于是否欺骗、背叛、歪曲、侵犯个人隐私的问题开始日益成为社会关注的焦点。

“欺骗”意味着伪装自己的真实意图而获得信息。但当人们把“挖掘真相”这个难以捉摸的词界定为媒体行业高尚的目标时，问题的核心是挖掘真实真相到底该走多远？采访目的能证明采访手段的合理性吗？获取信息有没有其他的方式？冷静的交谈或许能说服那些本不愿接受采访的官员或当事人坦诚地表达自己的想法，最好不要采用“欺骗”的手段来获取信息。但在很多时候，这样的论断显得那么苍白。

美国职业记者协会（the Society of Professional Journalists）提出了一条原则，那就是阻止偷拍和匿名采访，除非这种曝光有“十分重要的意义……与公众的利益息息相关”。

这样的原则当然让我多少有些释然，因为我的采访不仅全部是职务行为，而且基本涉及的都是较为重大的与公众利益相关的问题。但无论如何，由于客观上对《三十六计》的较多使用，我想我的一些采访手段是可能会被人们定位为“欺骗”和“歪曲”的（一些文章发表后当事人的攻击和谩骂也大都以此为立论），当然在一些采访中，我在达到能见到当事人的目的之后，就迅速在采访开始之前公开我的真实身份，如 1992 年年初我对合肥化工厂厂长陈乃理命案肇事者家属的采访，当我假装主人家孩子的老师，终于敲开了有关上级部门严令打开的家门时，我第一时间就公开了报社记者的身份（当时我是《安徽青年报》社新闻部的记者），这样的局面自然是令人欣慰的。当然更多的一些采访，可能我的采访对象至今还蒙在鼓里，有的还因为被实际到达现场的我“蒙混过关”，以我没有到现场采访的理由，向我的上级告状。

我可以用职务的、公众利益的名义逃脱和拒绝作为一名记者所可能遭受的指责和谩骂。但我更想表达的是，借本书出版之机，我愿意以一个纯粹的个体的名义，对因为这些技术手段采访曝光后，客观上造成的不利影响，说一声真诚的道歉，尽管这声道歉。可能会让我的内心感受十分复杂，可能会让有些当事人认为是“迟到的真诚”而不够“真诚”，但在我的内心，我相信自己是真心的、是诚恳的、是善意的。

每每文章发表之后，当我以一个普通读者的身份转换视角去阅读那些文字时，我能掂量出一个当事人看到这些文字之后的那无法阻挡的“恼怒”的程度。

就在前不久，一位同事依然兴奋地告诉我，在和我当年的一些老朋友（碰巧他们现在好多都是大学的校长）聊天时，我的这些采访经历依然是大家津津乐道的谈资，他们说这些采访和文章让一部分人“佩服得五体投地”，却又让另一部分人“恨得咬牙切齿”。

两年前，我突然接到上级机关的一个神秘通知，说是某地的纪检部门专门来京，要我配合一个调查。我一头雾水去和对方一接头，才知道是一桩令人啼笑皆非的事情：当地一封写给省委书记的举报信，竟在信的落款处堂而皇之标着“中国青年报记者 黄勇”的字样，所幸后面所附的身份证号码和我随身带着的身份证原件一对，立马显出“冒充”原形。

这是一个很特别的个案，也或许是巧合，从报纸上正好看到我的名字，就“用上了”，但某种程度上却说明了记者作为“社会公器”而存在的社会价值。这个社会公器，任何时候都是不可或缺的。

作为后记本身也不可或缺的内容，在本书即将出版之时，我要衷心感谢为我提供工作平台的中国青年报社这家有着悠久历史的报社，更要衷心感谢为本书出版付出诸多心血的许剑秋老师、贺方老师、徐庆群老师，他们像园丁一样的滋润呵护，才使本书顺利出版。另外，我还要感谢我的同事崔丽女士，慷慨解囊献出她的代表作，为本书增色；感谢我的好同事王胜春、王族，为本书的素材收集提供的悉心帮助；感谢毕生的兄弟和伙伴靳生，在多个微妙又充满风险的场合，一起并肩战斗；感谢我的家人，在我经年累月的奔波中无私的等待和付出。